學會放下就是快樂

Simple life is Happiness

躁動時代的簡單生活智慧

[illegible]

生活是一種品嚐生命盛宴的哲學，最終的目的是創造樂觀積極的思想，從簡單的生活中獲得幸福快樂。

越懂得放下，心靈就越豐富，人生就越快樂越幸福……

人生在世，總難免追求更多錢財，追求更好的名聲，希望過更好的生活，擁有更圓融的人際關係……

但是，如果我們不懂得過簡單的生活，放下過多的慾念，又如何能讓自己的內心安樂呢？

千江月 編著

出版序

學會放下就是快樂

如果追求過多，並且斤斤計較得失與否，就會讓自己的「心靈行李」越沉重，也就越會讓自己舉步維艱，陷入痛苦的深淵。

莎士比亞曾說：「就像飢不擇食的餓鼠吞下毒餌一樣，人為了滿足天性中的慾念，也會飲鴆止渴。」

生活是一種品嚐生命盛宴的哲學，最終的目的是創造樂觀積極的思想，從簡單的生活中獲得幸福快樂。生活越簡單，心靈就越豐富，人生就越快樂越幸福……

人生在世，總難免追求更多錢財，追求更好的名聲，希望過更好的生活，擁有更圓融的人際關係……但是，如果我們不懂得過簡單的生活，做簡單的自己，又如何在這個躁動的時代讓自己內心安樂呢？

歐洲有句諺語說：「一切都抓住，一切都失去。」

其實，日常生活，不應該只追求一切物質的享樂，也應該追求心靈的快樂，必須勇敢地拋掉一些生活上不必要的負擔，才能眞正享受屬於自己的美麗人生。

越懂得放下，我們受困於慾望的機會便會越少；生活越簡樸，我們受制於慾望的羈絆便會越少。

只要我們不再被物慾所牽制，便能理出更多的時間和精力來實現夢想。

法布爾是法國著名的昆蟲學家，竭盡一生揭開了昆蟲世界的奧秘，也留下了《昆蟲記》這本不朽的著作。

有一天，科學家巴斯德來到阿維尼爾找法布爾，因爲他知道，要找昆蟲專家，法布爾無疑是最佳人選。

法布爾見這位著名的科學家到訪，立即熱情地招待他。

一番暢談之後，巴斯德忽然在準備離去前向法布爾說：「能不能讓我看看你們家的酒窖？」

法布爾是個窮困的教師，哪裡會有私人酒窖呢？但是，巴斯德卻一再地要求：「請讓我看看您家的酒窖怎麼維護的！」

最後，法布爾敵不過巴斯德的好奇，只好指一指廚房角落裡的酒罈子，說：「先生，這就是我的酒窖！」

巴斯德一看，驚訝地看了法布爾後便匆匆離去。

一八六九年的秋天，有一天法布爾來到實驗室裡忙碌，忽然有個客人闖了進來，他只得伸著一雙被染得血紅的手上前接待：「原來是底律伊，你好！很抱歉，我竟穿著這樣簡陋的衣服接待你！真對不起，我雙手都染紅了，無法和你握手！」

親切的教育長底律伊看見法布爾如此緊張，便溫和地安慰他：「沒關係，我是故意挑這個時間來看你的，你在做什麼呢？」

法布爾簡單地說明他的工作項目後，又馬上做這項實驗給教育長看。底律伊仔細地看著法布爾的實驗，不時地點了點頭。實驗結束後，他立即問法布爾：「你有沒有缺什麼東西呢？」

法布爾說：「我什麼都不缺！這裡什麼都有，我只是做些小實驗，這些設備就已經足夠了。」

底律伊看著破舊且簡陋的實驗室，吃驚地問道：「真的夠了嗎？每當別人聽見我的詢問，他們幾乎全都要求換新器材，即使他們的設備已經十分完善了。我看你的實驗室如此寒酸，你卻說已經夠了，你真的什麼都不需要嗎？千萬別客氣啊！」

聽見底律伊如此關心，法布爾也不好意思拒絕，於是幽默地回應：「長官，如果你一定要提供我東西，那麼我很願意要一件東西。請你告訴巴黎動物園裡的管理人員，如果那裡有魚死了，請他們將魚送來給我，好讓我將它們製成標本。然後，我會將它掛到牆壁上，我想，有了這個裝飾品之後，這間實驗室就會像樣多了！」

底律伊一聽，忍不住大笑說：「我知道你想要什麼了！」

莫羅斯曾經寫道：「凡是相信只有追逐不屬於自己的東西，才能獲得幸福的人，命運總是和他作對的。」

的確，我們經常會幹這種蠢事：來到眼前的往往輕易放過，遠在天邊的卻又苦苦哀求；佔有它時感到平淡無味，失去它時方才覺得可貴，因此，才會讓原本可以唾手可得的輕鬆生活，和自己擦身而過。

大文豪巴爾札克曾說：「追求心靈享受的人，應該是行李越輕越好。」

的確，如果追求過多，並且斤斤計較得失與否，就會讓自己的「心靈行李」越沉重，也就越會讓自己舉步維艱，陷入痛苦的深淵。

當巴斯德看見法布爾寒酸的酒窖後，我們是不是驚覺自己也曾犯相同的錯誤？因爲習慣了以貌取人的態度，讓我們總是錯誤地評斷眼前的高人；也因爲受限於外表的觀感，我們總是讓自己掉入了虛浮的包裝假象中，忘了內在究竟充實與否。

「或許我什麼都缺，但也什麼都不需要！」

這是法布爾在故事傳遞的訊息，在帶著生活禪思的氣氛中，我們似乎也有所領悟，或者我們可以這麼說，因爲人們的慾望難以滿足，無論我們怎麼補充所需，也無法得到眞正的滿足。

於是，法布爾將他簡樸的生活方式呈現出來，並在堅持這樣的生活方式中提醒我們；我們沒有辦法滿足每一個慾望，因爲滿足了一樣，下一個慾望便會出現，引誘我們繼續追求。

學會放下，不要索求太多東西，因爲我們擁有的已經夠多了，只要能充分應用，即使只有一根木棒也能讓我們創造不朽的將來。

PART—1

不要壓抑，做真實的自己

不必刻意壓抑自己，更不必戴上面具，只要我們能表現出最真實的自己，人們一定會給我們最真切的擁抱與支持。

PART—2

唱一首屬於自己的主題曲

每個人都擁有著相同的視野，只要調整自己的角度，每個人都能看見世界的美麗，也能聽見屬於自己的幸福之歌！

PART—3

再辛苦的難關也一定能走過

時間一定會帶走所有困頓，所以我們一定要努力上進；只要一過了這個難關，下一步我們就會來到夢想的天空。

PART—4

生活越簡單，心靈越滿足

簡單生活，並不是要你放棄一切，而是要我們在追逐的過程中，誠實面對自己，認真聆聽自己的聲音，認清自己真正想要的！

PART—5

快樂工作是醫治病痛的良藥

不妨先放下手上的工作，仔細想想你要的是什麼，只要你一想通了就別再猶豫。

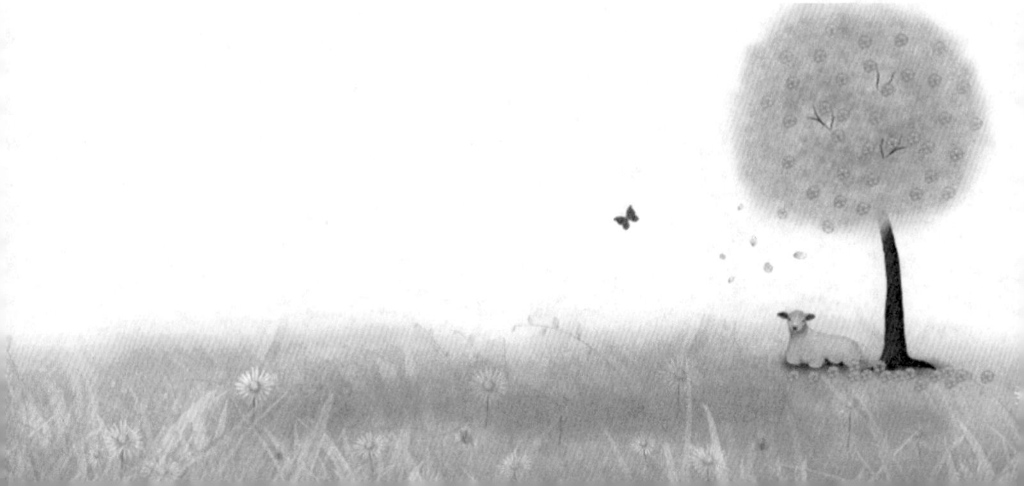

PART—6

沒有貪念就不會受騙

天下沒有白吃午餐，以為佔盡了對方便宜的人，最後卻經常發現，自己竟然損失更多。

PART—7

命運好壞，就在你的方寸之間

希望命運能夠轉變，就別放棄自己的意志力和努力，因為那是我們的生活能量，更是我們改變未來命運的唯一助力。

PART—8

真心包容 就是最好的互動

我們也可以為自己尋求更多的避風港，只要對人多付出一些真心。當你能包容別人時，人們自然也非常願意包容你。

PART—9

不要用破壞的方式追求滿足

不必禪悟佛說，每個人都懂得什麼是犧牲的真諦，只要我們知道什麼叫做愛，知道該怎麼表現心中的無私大愛。

PART—10

不要被過多的期望牽絆

簡單果決地掌握住自己的需要，並確實地將精神集中在一個目標上，然後我們才能慢慢地讓心中每一個夢想都達到高峰。

1.

不要壓抑，做眞實的自己

不必刻意壓抑自己，更不必戴上面具，
只要我們能表現出最真實的自己，
人們一定會給我們最真切的擁抱與支持。

快樂的權杖就在你手中

每個人都有自己的夢想花園，只要你看得見心中的花田，尊重並珍愛你的人生，我們都能建造出自己的快樂生活。

什麼才是最好的生活，什麼才是人們應該有的生活模式，作家哈里斯告訴我們：「一切取決於我們自己！」

所以，我們不必模仿他人，也不必羡慕別人，因爲每個人都會有自己認爲最正確、最愉快的生活模式。

只要我們能緊捉住生活的主控權，讓生活的每一天都充滿自在與愉快，那便是你我最好的生活方式與人生。

追求快樂的方式只有一種，就是你想快樂就能快樂。但是，這個自主權卻不包含物質追求而來的快樂，因爲物慾的滿足永遠是很短暫的。

哈里斯的一個朋友每天都會到報攤買東西，然而，每當他向報販說「謝謝」後，報販的臉總是冷冷地不發一語。

感覺自討沒趣的友人這天忍不住向哈里斯抱怨：「你有沒有發現，這傢伙的態度眞差！」

友人又繼續說：「你知道嗎？他每天都是這個臉色耶！」

哈里斯問他：「那你爲什麼對他還是那麼客氣？」

友人看著哈里斯，臉上忽然換一個不以爲意的神情，接著微笑說：「我不想讓他決定我的心情啊！」

哈里斯在一場演說中談及友人的這件事，並引述莎士比亞的話作爲結語：「我們的身體就像一座花園，而我們的意志正是花園裡的園丁。不論我們種植萵苣、除去小草，還是摘取百里香，甚至只培植一種花草樹木在裡面，全都取決於我們的意志。我們可以讓花園百花齊放，也可以讓它荒蕪空白，總之，一切皆取決於我們的意志！」

快樂的權杖就在我們手中，懂得生活的人會說：「只要你能安於自己目前的生活，不妨就繼續下去；如果對於現在的生活，充滿了矛盾或不悅，那就不妨重新尋找生活出路。」

其實，沒有人知道眞正的成功時機，也無法確知當達到我們的預定目標時，所擁有的一切是否眞的能與心相契，但是，只要道路是我們自己選擇的，至少在抵達終點時，我們要明白：「既然路是自己選擇的，絕對不要讓自己有後悔的機會。」

生活開心還是悲苦，從來都由自己決定，這些和客觀環境並無直接的關係，因爲，客觀環境全賴生活在其中的每個人來造就。

就像不被珠寶財富所吸引的女人，即使困窘地生活在虛榮的環境中，也無傷她的自尊；又如擁有萬卷書的窮書生，即使在重視財富的社會中，也不願意用自己的生活方式與富翁交換鑽石或鈔票，只因爲他們知道，什麼是他們追求的生活價值。

那麼，你的價值是什麼呢？

每個人都有自己的夢想花園，只要你看得見心中的花田，找出生活的方向，尊重並珍愛你的人生，我們都能建造出自己的快樂生活。即使天氣酷熱得汗流浹背，也都會是我們最暢快的生活享受。

幸福是心靈與生活的光合作用

只要我們懂得欣賞自己的人生，抱著樂觀進取的生活態度，即使吹出來的泡沫大小不一，小泡泡裡的彩虹都會一樣美麗。

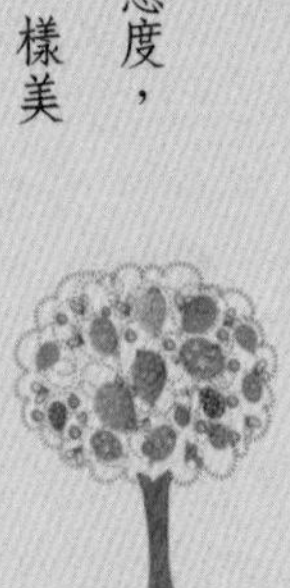

作家霍布斯曾說：「幸福是一個不斷渴望的過程，從一個目標到另一個目標，達到前者，就開闢了通向後者的道路。」

的確，如果你能夠瞭解幸福只是一種過程，而不是結果，那麼你就能減輕追求幸福的負擔，幸福也就自然會向你報到。

幸不幸福，是心靈與生活的光合作用，而不在於獲得或失去什麼。

生活不會因爲成長的背景不同，或是上帝賦予的使命不同，而讓生命有不同的價值落差，因爲，眞正能賦予我們價值的人，只有我們自己。

波紀兒是一個重度弱視的女孩，她累積了五十多年的人生經驗，寫下了《我希望能看見》一書，與大家分享她的人生觀。

書中，她寫著：「我只有一隻眼睛，眼睛上還滿是疤痕，我只能透過眼睛左側的一個小洞，去看我想看見的世界。但是，我幾乎是看不見的，閱讀時，我必須將書幾乎貼在臉上才能看見。」

一些人因爲身體殘缺，經常期待別人憐憫與幫助，波紀兒卻非常排斥這個想法，她一點也不願意人們的幫忙。她說：「我是個正常的人，請你們以正常的眼光看我！」

小時候，她想跟其他小孩一起玩跳房子，可是她看不見地上畫的線。於是，她靜靜地等其他孩子們回家後，一個人趴在地上，把「房子」的線條記得清清楚楚。直到下一次，她就可以輕鬆自在地跳格子了。

好勝心強的她，也眞的一如「常人」般努力向學，甚至表現得比任何人都要優秀。她不僅拿到明尼蘇達州立大學的學士學位，後來更在哥倫比亞大學拿到了碩士學位。

不久，她開始擔任教職，同時也參與婦女俱樂部，並經常在俱樂部裡發表演說。她的生活觀受到人們的認同與支持，還被邀請到電台主持節目，與更多的人分享她的樂觀人生。

不過，在這個樂觀的背後，居然還藏著一個不爲人知的秘密，書中她這麼寫著：「在這個階段裡，我的腦海深處經常懷著一種恐懼，其實，我是很害怕完全失明的。還好，爲了克服這個恐懼，我學會詼諧的人生態度，日子也過得相當快活！」

也許是上天心疼波紀兒，就在她五十二歲那天發生了一個奇蹟。

在動完一個小手術之後，她居然「完全」看見了。

她在書中說：「那是一種新生，美麗的世界給了我全新的開始。你知道嗎？當我『第一次』看見水槽裡的泡沫時，心情快樂得飛了起來。每當我的手一伸進水中，抓起一把又一把的泡沫時，我都會把它們迎向陽光，因爲那實在美極了。而且我還看見在每一個泡沫裡，都有一道美麗彩虹呢！」

從許多堅強的殘障朋友身上，我們總是能看見生命的無限可能，與動人的生命樂章；反觀，許多看似身體健全的人，卻好像老是期待自己是個殘缺的人，好獲得人們的同情與特殊待遇。因爲認識生命的程度不同，也因爲人生定義的標準不同，我們的人生才會有這麼大的不同，甚至是落差。

懂得爲何而生活的波紀兒曾說：「不管我們如何出現，也不管成長背景有多麼不同，我們只需知道：對生命來說，我們一樣都是人。」

生活是內心活動的眞實投射，幸福的秘訣就是隨遇而安，減輕無謂的心理負擔，不在自己的心靈套上枷鎖。

只要我們懂得欣賞自己的人生，懂得珍惜自己，抱著樂觀進取的生活態度，即使吹出來的泡沫大小不一，小泡泡裡的彩虹都會一樣美麗。

脫下面具，自在地表現自己

自在地表現自己吧！那麼你的自信與快樂，才會真真切切地在身上散發，你也才能真正地過著你想過的生活。

爲了生存，我們往往都會掩飾自己的眞實感覺，例如面對討厭的主管，你必須壓抑心中的不滿，畢竟你很需要這份工作來養家活口。

有些掩飾是無可厚非的，但是，除此之外，許多人卻總是在不必要時也戴上面具，虛僞地表現自己，有時候還因爲過度抑制自我，而讓自己陷入予盾與困惑之中。

其實，幾乎每個人一過了兒童期，爲了與同儕競爭，甚至爲了生存，都慢慢

學會偽裝，也懂得戴上不同的面具，用以面對不同的人。然而，就在我們學會隱藏自己的同時，我們也開始失去自己。

丹尼斯有個朋友經常對人說：「丹尼斯臉上永遠帶著微笑，而且非常熱於助人，我認識他已經十多年了，從來沒看見他發過一次脾氣，或是出現煩躁不安的狀況。」

不過，有人聽了，頗不以爲然地說：「聽起來好像是個聖人！只是，像這樣永遠帶著微笑，從不發脾氣的人，眞的是一位理想的朋友嗎？」

這個人接著又說：「既然是好朋友的話，我反而期望，他能把自己眞切的情感表現出來，即使是憤怒的臉色也無妨。因爲，我不喜歡只會一味掩飾自己情緒的朋友！」

丹尼斯的友人聽了，忍不住低下頭沉思。

「其實，就像小朋友一樣，一個三歲的小男孩如果跌倒了，還擦傷了膝蓋，一定會痛得大哭；又像一個五歲小女孩，如果獲得一件漂亮的生日禮物，一定會發出開心得大叫，甚至是高興地拍手歡呼，這些都是最眞切的情感，也是最誠懇的情緒表現。」

這個人看見他似乎還不了解，於是又繼續說了上面這段話。

看完這些對話，一定有人會用力點頭，大表贊同。

也許，你想辯駁，認爲這一切隱藏與僞裝，只是爲了控制自己的情緒與衝動，不僅可以維護自己的利益，也可以保護別人的尊嚴。

一切如果眞的這麼簡單，我們大可不必多加探討。但是在此之前，請先問問自己：「『控制』了這麼多的情緒，我快樂嗎？」

在某些情況下，我們要懂得掩飾自己的情緒，但是更多時候，我們也要懂得表達自己的情感。因爲，歷經各種磨練與教育之後，我們交給自己的面具，多數都是超過所需的。

就像許多害怕被傷害的美麗女孩，強迫自己戴上冷漠的面具，用以掩飾她渴望被寵愛的需求；又像許多失敗的男人，喜歡戴上自負自誇的面具，並不厭其煩地大談成功的過往。

這兩種是我們最常見的「面具」，或許它們能保護我們，還可以減少人們的責難，但是，它們確實讓這些人失去誠實的心，也加大人與人之間的距離。其實，做真正的自己不是比較好嗎？

如果你渴望結婚，就大方地四處聯誼或相親吧！一點也不必偽裝地說：「我壓根都沒想過結婚這檔事！」

畢竟，要偽裝自己，又要防止被發現，日子很難過得快樂的。

自在地表現自己吧！想哭時就痛快地哭，生氣時就好好地罵一罵，自制很重要，但不要過度壓抑情緒。

那麼，任何焦慮或不悅，就不會時時出現在你的心上，那麼你的自信與快樂，才會真真切切地在身上散發，你也才能真正地過著你想過的生活。

不要壓抑，做真實的自己

不必刻意壓抑自己，更不必戴上面具，只要我們能表現出最真實的自己，人們一定會給我們最真切的擁抱與支持。

內心充滿自卑感的人，總是顧慮著別人對自己所抱持的觀感，爲了維持某種外在形象而壓抑著眞實的自己。

這種患得患失的行爲，無疑是在自己的心靈套上枷鎖，久而久之變成沉重的心理負擔，只會使自己越來越不快樂，越來越厭惡自己。

也許，面對不同的人，我們已經很習慣戴上不同的面具出現。但是，當你看見別人，特別是爲了迎合討厭的人而強顏歡笑時，你是否也會氣惱地對自己說：

「既然那麼討厭他，爲什麼不表現出來？」

前一陣子，有位在小學任職的教師來到一間整型醫院，請求醫師給她一個滿意的面容。

醫生問她：「哪些地方妳最不滿意呢？」

「鼻子，我覺得我的鼻太長了，另外下巴太寬，還有，這對耳朵……」

老師抱怨了一長串，然而醫生仔細地看了看，卻說：「我認爲，妳的五官很不錯啊！是妳對自己要求太高了。」

然而，不管醫師如何稱讚，她都堅持要「變臉」，醫生只得尊重顧客的要求，幫她動了一些小手術。

手術完後，她看了看鏡子裡的自己，卻相當不滿意，微慍地對醫生說：「根本沒有什麼改變嘛！」

醫生點了點頭，說：「是的，我必須堅持專業與良心，妳眞的只需要做這些小改變就好，因爲妳的面孔一點問題也沒有……」

醫生停頓了一會兒，接著說：「妳的問題是出在使用方法，我認爲，妳把自己的面孔當作一只面具，用來遮掩妳的感覺罷了。」

當老師聽了醫生的話，低下了頭，聲音帶著悲傷：「我已經盡力了！」

醫生安慰她：「我知道妳已經盡力了，我可不可以問妳一個問題，妳是否因爲教師的身份，而過分壓抑自己的情緒呢？」

老師把頭壓得更低了，在這個小空間裡，他們靜默了幾分鐘，最後，她終於主動地說出心中的話。

原來，她一點也不喜歡當老師。爲了成爲學生們最好的榜樣，她經常告訴自己：「我一定要力求完美，才有辦法成爲學生的榜樣。」

於是，每天一踏進校門時，她就會把情緒收藏起來，只留下她認爲「正確的」表現，而她已經努力隱藏了三年。

然而，這麼壓抑的生活，憋得她幾乎快透不過氣，當她就快要支持不下去時，腦海卻閃過了一個想法：「或許是我的臉不夠完美。」

話剛說完，她突然放聲大哭，並難過地說：「孩子們都在嘲笑我。」

說完這句話時，她又警覺到，自己似乎洩漏了重大的秘密，連忙停止哭泣。

醫生看著她，微笑地說：「現在有沒有感覺好多了呢？哭泣，其實證明妳還是個有感情的人。」

聽見醫生這麼說，她忽然感到一陣輕鬆，忍不住對著醫生回應一個微笑。

醫生說：「孩子們的嘲笑，其實是因爲他們早就看穿妳的僞裝。也許身爲老師的妳，必須懂得控制自己，但是，偶爾出個小狀況，反而更能捉住孩子們的心啊！那樣他們就會更親近妳，而這一點也無損於妳的尊嚴啊！只要妳拿掉面具，妳不僅會更喜愛自己，也會更喜愛這份工作，明白嗎？」

她微微地點了點頭，說道：「我知道了，從今天開始，我會試著做回自己，並成爲一位散播快樂的老師。」

如果，你習慣以刻意強加的方式，爲自己戴上面具，那只會讓面具成爲一種刑罰，就像古代被迫戴上鐵面具的犯人一樣，變成另一種形式的桎梏。

假如你像故事裡的老師，爲了受到人們的尊重肯定，而刻意壓抑自己的情感，一旦面具下的情緒累積久了，終究會崩潰的，因爲，沒有人能把自己「變成另一個人」。

其實，沒有人會不接受眞性情的人，也沒有人會否定表露眞情的人。我們不必刻意壓抑自己，更不必戴上面具，試圖把自己變成另外一個人。因爲，不管在任何時候，只要我們能表現出最眞實的自己，人們一定會給我們最眞切的擁抱與支持。

休息片刻，更能提高效率

每天撥出一個時間讓自己好好休息一下。不必擔心尚未完成的工作，因為在休息之後，你的展翅將會揮得更高更遠。

在現代生活中，你可以將私領域與公領域的界線再分清楚一點，例如休息時就別再想著工作，下班之後就不要把公事帶回家。

只要我們下班之後休息夠了，那麼在工作時，我們自然能專注於工作，不再想著「好想休息」！

有個事業相當成功的企業家，抵達事業巔峰時，突然感到人生無趣，心煩不已的他，最後不得不尋找神父告解，請求解答。

神父聽完企業家的話，便對他說：「人就像魚兒一樣，小魚無法在陸地生存，而人則無法在束縛中生活，所以，魚兒必須回到大海才能繼續生活，而你則必須回到平靜的生活中，才能獲得充實感。」

企業家不解地問：「你的意思是要我放棄一切，回歸田園生活嗎？」

神父笑著說：「那倒不必，只是你在發展事業的同時，應該隨時讓生活與心情休息一下。」

企業家認真記住神父的話，但是，他卻一直無法找到方法。

有一天，他的合作伙伴聽見他的困擾，便對他說：「幾年前，我也像你一樣，天天都相當忙碌，每天都是開不完的會，與推辭不完的宴會應酬。即使偶爾空閒下來，在我的腦子裡也是充滿著工作，總之，每天都有擔心不完的事，生活也是一片混亂。」

企業家看著友人，好奇地問：「那你怎麼解決的呢？」

友人微笑地說：「後來，我告訴自己：該休息時就好好休息吧！」

在喧鬧的人群中，我們經常聽不見自己的腳步聲，唯有遠離人群，我們才能重新找回自己。因此，一個完全屬於自己的休息片刻，對懂得生命的人來說是件相當重要的事。

就像這個故事所要表達的：該休息時請好好地休息。

生活有太多事要做，每天我們也都會有做不完的事。當沉重的壓力開始累積在你肩上時，別再硬撐了，找個推拿師傅幫你鬆一鬆吧！唯有完全的紓解，你才能再次舉起堅強的臂膀，繼續你的生活。

何不從今天開始，每天撥出一個時間讓自己好好休息一下。不必擔心尚未完成的工作，因爲在休息之後，你的展翅將會揮得更高更遠。

追求完美，只是自以為是的偏執

完美通常都只是自以為是的主觀意識，沒有人能真正做到十全十美，每個人一定都會有缺點，也都是從錯誤中學會成長。

要求完美原本是件好事，然而過度的要求，往往容易變得吹毛求疵，甚至不近人情，容易與人產生距離與摩擦。

因爲，追求完美的人很多時候並不是爲了自己或他人，而是爲了一個「贏」字；他們的重點也不是自我的發揮，只是爲了贏過別人。

艾琳是個完美主義者，自詡凡事力求精確的她，對於身邊的每件事都有非常高的要求。

因此，每一件事她都要親力親爲，即使工作量已經超出負荷，她仍然要自己完成，不會向其他人求助。

即使是個小報告，她都會費盡心力準備，甚至只是一份一個小時的演講稿，也會弄得精疲力盡。

如此要求完美的性格，讓她很討厭不速之客，因爲即使是個小餐點，她也要做到最好，不容許有任何差錯。而不速之客的出現，不僅無法有充分的時間準備，還讓她會有出錯的機會。

這麼一個追求完美的女人，凡事都井井有條，也似乎完美無缺，然而這種機械式的完美主義者，個性卻欠缺誠摯的情感，更別提人性的溫暖。因此，即使如此講究完美，她卻是許多人厭煩的對象。

有人說：「過度地要求自己保持完美，其實是一種很殘忍的折磨。」

爲了追求完美，小小的失敗或錯誤，對所謂的完美主義者來說都會是天大的事。於是，對自己和對別人要求完美變成了一種酷刑，當目標未能達到他們的期望，他們便會責怪自己，討厭自己，甚至遷怒別人。

其實，完美通常都只是自以爲是的主觀意識，沒有人能眞正做到十全十美，因爲每個人一定都會有缺點，畢竟我們也都是從錯誤中學會成長。

我們可以用輕鬆的態度獲得更傲人的成績，更可以大方地表現我們的缺點，並將之轉化爲生活助力。

我們不需要以偏執的方式去要求完美，凡事只要盡力就好。

做不到的事不要勉強

別再強迫自己做一些不想做的事，更不要為了迎合別人而委屈自己，一旦受制於特定原因，生活就一定會被設限、束縛。

生活中我們有許多事情要做，面對緊張或不愉快的生活節奏，我們也可以有所選擇和調整，因爲，生活的決定權就在你我的手中。

其實，改變並不是一件很困難的事，也無須因此而擔憂。不管你必須擔負多麼重要的責任，當事情未如你的預期，或是你已經無法勝任時，不妨適時放下重擔，並找出更適合接手的人選，那麼事情不僅會有更完美的結果，還能讓你輕鬆愉快地生活。

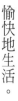

很久以前，有個朋友對激勵作家馬爾登說：「你知道嗎？我很討厭開車，每當我在高速公路急馳，朝著公司方向飛奔而去時，整個人會感到不適，而這些感覺必須好幾個小時後才能慢慢紓緩。然而，爲了我的家人，也爲了我的工作，我不得不開車。」

馬爾登對他說：「但你可以搭乘其他交通工具，不必自己開車上班啊！如此一來，也許就能減輕這些壓力感，而且對你也比較安全，不是嗎？」

友人想了想，最後接受馬爾登的建議，改變了生活方式。

如今，他的生活過得比以前更加輕鬆、愉快。

馬爾登看見朋友比以前更愉快地生活著，不禁笑著對其他的朋友說：「其實，這個道理很簡單，當某件事會讓我們感到緊張或不悅時，不妨改變一下方式，並找出讓生活更加輕鬆自在的方法。因爲，做勉強自己的事，不僅無助於生活的提升，而且容易事半功倍！」

或許你也像馬爾登的朋友一樣，因爲習慣的養成，而不願意改變已經不適用的生活方式，然而每天強迫自己做這些事時，你不會覺得很累嗎？

在戀愛學裡有一句話：「勉強是不會幸福的！」

這句話其實也相當適用於其他地方，像是運用於日常生活和工作之中。因此，就從現在起，我們就別再強迫自己，做一些自己一點也不想做的事；更不要爲了迎合別人而委屈自己，因爲一旦受制於特定原因，我們的生活就一定會被設限、束縛。

不要給自己那麼多的生活壓力，凡事只要量力而爲，我們就能輕鬆自在地發揮自己的能力。

帶著微笑過想要的生活

無論臨時有何狀況，臉上也別擺著撲克牌的面孔，好好地放鬆心情，用不同於日常生活的角度，來欣賞休息的片刻吧！

面對生活，你當然可以採用自己的方式，不過，當你準備以嚴肅的面孔去過日子時，請先看一看身邊的人，一張喜歡微笑的臉與一張板起的面容，哪一個才能讓你感到舒服、活力呢？

每逢週五的晚上，有四位女士會輪流在自己家中，舉辦一個小型的聚會，名爲「女士之夜」。

在這個聚會中，她們有一些規定，包括不抽煙、不喝酒，也不可以說八卦，更不能談論子女、丈夫，或是政治、世界新聞。因爲這是一個女士之夜，更是一個完全屬於她們自己的私人時間。

雖然什麼都不能談論，但是每到週五，她們仍然持續著這項聚會，而且風雨無阻地出現。

每當有人經過她們的窗口，看見她們一個個都聚精會神地圍坐在一起，忍不住都好奇地問：「什麼都不能談，她們還能做什麼呢？」

只是，不管人們怎麼猜，從來都沒有人猜中。

到底是什麼事把她們凝聚在一起呢？

其實，她們只是玩撲克牌而已。

更令人驚奇的是，她們玩了這麼多年，居然沒有人因爲輸贏而翻臉，或是在聚會後，帶著鐵青的臉走出來。

多年來，她們已經熟悉彼此的手法，甚至只要誰的手上拿到王牌，她們也知道對方會出現什麼表情。

知道這個情況的人，都說：「那多無趣啊！」

然而，這四位女士卻一點也不在乎，每個星期五晚上進行著撲克牌遊戲，年復一年，「女士之夜」一直持續著。

今晚，大家聚集在其中一位女士的家裡，雖然身爲主人的她患了關節炎，但是她仍然堅持要坐在特製的椅子上，與大家開心地玩樂著，因爲，那是她享受生活的重要時刻。

現在，她們因年紀衰老而全駝著背，但都非常開心地笑著，因爲今晚的這一局，她們第一次打成了平手。

相信你一定有過這樣的經驗：快快樂樂地規劃好出遊的計劃，卻因爲早上有人晚了一秒起床，讓你火冒三丈，或是有人情緒不佳，爲了小事大發雷霆，然後一整天的行程，就在冷戰的氣氛中苦悶地進行。

不妨仔細想一下，這樣的旅遊過程，帶回來的是舒緩的身心，還是更沉重的心情與煩悶呢？

既然都準備要出門玩樂了，何必爲了一些不值得生氣的細節影響大家的情緒？無論臨時有何狀況，臉上也別擺著撲克牌的面孔，好好地放鬆心情，並用不同於日常生活的角度，來欣賞休息的片刻吧！

就像故事中的四位女士，在這個完全屬於她們的夜晚裡，只有一個完全舒放的自己。每一個人在出門或迎接同伴前，便已經準備好最愉悅與自在的心情，要來享受她們的「女士之夜」。

如果今天有人又晚了一秒鐘起床，何不這麼想：「也好，如此一來，我們就可以有藉口，享受難得的慵懶。」

做自己，過自信的人生

不要再回首那些滿是苦惱和自卑的過去，只要從這一刻開始，輕鬆地做自己，我們自然而然就能過自信的人生。

我國諷刺作家契訶夫在短篇小說《游獵慘劇》裡提醒我們：「人難以長久演戲，要嘛把自己的角色給忘了，要嘛演得厭煩極了。」

許多人總是爲了迎合別人，而強顏歡笑去演自己不喜歡的角色。

你的愉快生活，如果全掌握在他人的手裡，相信你現在的笑容不僅是一個假象，日子也不會感到幸福。

伊絲從小就特別敏感，而且個性靦腆，再加上她天生就屬易胖體質，不管怎麼厲行減重計劃，總是很快破功，因而有著濃厚的自卑感。

然而，伊絲的媽媽面對有點自卑的女兒，居然沒有加以鼓勵和支持，還老是對女兒說：「妳這麼胖就別再穿窄衣服了，不然我一天到晚都得修補妳的衣服，眞是麻煩！」

所以，伊絲的媽媽總是製作又大又寬鬆的衣服，並要求女兒只能穿這類型的衣服。這讓個性害羞的伊絲非常自卑，因爲她的穿著總是一成不變，而且像個老太婆一樣。

直到成年，甚至結婚生子之後，伊絲的個性一直沒有改變。

其實，丈夫家的每一個成員都非常疼愛伊絲，爲了建立她的信心，家人凡事都順著伊絲，並小心地不觸碰到她不喜歡的事。然而，他們卻沒想到，這些體貼與刻意的遷就，反而讓伊絲感到更加困擾，讓她更加退縮。

伊絲看見家人如此體貼，生活反而更爲緊張，深怕自己一個不小心，做了讓他們失望的事。於是，每當與家人一起出現在公共場合，她會假裝很開心，結果她老是做得太過頭而出糗。

這讓容易胡思亂想的伊絲，老是爲了一件小事而心情煩悶好久。日積月累，伊絲越來越不知道要如何表現自己，更不知道要如何生活下去，最後居然萌生自殺的念頭。

直到有一天，婆婆對她說：「其實，教育孩子很簡單，不管他們想怎麼發展，我只要求他們：認眞做自己，並保有自己的特色！」

「做自己」，當伊絲聽見婆婆說出這句話時，心中頓時豁然開朗。就在這一刻，伊絲看見自己錯誤的生活態度，更看見她長期以來的苦惱，原來都是自己所造成的。

這天，伊絲這樣告訴自己：「無論如何，我一定要找回自己！」也是從這天開始，伊絲積極尋找自己的優點，並試著放開胸懷，努力找出最適合自己的生活。

慢慢的，她走出了生活的囚籠，例如主動地結交朋友、參與社團活動，雖然步伐沒有跨得很大，但是每天的一小步，卻讓掛在伊絲臉上的笑容越來越多，也越來越自然。

有一天，她開心地對著孩子們說：「今天我好快樂喔！這是我從來沒有過的感覺，孩子，媽媽今天只想告訴你們，你們只要簡單地做自己，努力生活，媽咪會給你們最大的支持力量！」

你是否經常對自己說：「爲什麼我要在意別人的感覺？」

即使我們都有著這樣的反省，現實生活中，我們仍然習慣依循著別人的目光行事。直到有一天，有人像伊絲一樣承受不了這些煩惱，在人生的十字路口徘徊時，才徬徨失落地發現，長久以來沒有一天是爲自己而活。

那麼在這樣的路口，要用什麼樣的角度，來回顧與展望我們的生活呢？

其實，方法很簡單，不要再回首那些滿是苦惱和自卑的過去，只要從這一刻開始，輕鬆地做自己，我們自然而然就能過自信的人生。

2.
唱一首屬於自己的主題曲

每個人都擁有著相同的視野，
只要調整自己的角度，
每個人都能看見世界的美麗，
也能聽見屬於自己的幸福之歌！

唱一首屬於自己的主題曲

每個人都擁有著相同的視野，只要調整自己的角度，每個人都能看見世界的美麗，也能聽見屬於自己的幸福之歌！

每個人都會有一首自己的主題曲，而且每一首曲子都一定是曼妙快樂的，因爲，不會有人喜歡悲傷的歌，更不會有人喜歡天天高唱傷心之歌。

既然如此，我們何不認眞地挑選一首屬於自己的主題曲，爲自己快樂地放聲高歌呢？

吃過午飯後，亞特在路上遇到了一位盲人歌者，只見他拄著手杖，並伸出了右手，等待著路人們的施捨。

亞特經過他的面前，放了幾個銅板在他手中。

這時，盲人說了聲：「謝謝，祝你健康。」

聽到後面那一句祝福時，亞特忍不住好奇地想：「眼前這個開心爲人祝福的盲人，到底是怎過完這一天呢？」

於是，亞特站到附近的一部車子旁邊，細心地加以觀察。

他發現，這個盲乞丐居然一整天都筆直站著，很少間斷的歌聲讓人感覺得到歌聲裡的驕傲。

至於行人的反應則不相同，有人好奇地大方駐足欣賞，有人則快速走過他的身邊，在這個人潮擁擠的都市叢林中，大部分的人根本無暇注意他。亞特心想：「還好他是個瞎子，看不見人們的冷漠表情。」

想到這，亞特再次上前，問他：「吃過午飯了嗎？」

盲乞丐停止歌唱，轉頭朝著亞特說話的方向說：「是有點餓了。」

於是，亞特買了一份三明治和冷飲請他吃。

盲人一面吃，一面向亞特介紹自己說：「我今年二十八歲，跟父母親和七個兄弟住在一起。」

亞特看著他，忍不住問道：「你一生下來就看不見了嗎？」

盲乞丐搖搖頭說：「不，是小時候發生意外造成的。」

他似乎不想再談細節，亞特便不再多問。

看著盲乞丐，亞特心想：「我們年齡相仿，但是人生處境卻有天淵之別，我享受一切最平順的生活，然而，他卻在貧困中長大，似乎也沒什麼好經歷。眞了不起啊！雖然他是個赤貧的乞丐，但是，他卻用歌唱過自己的生活，而且是如此勇敢地大聲唱著。」

亞特再次仔細地聆聽他的歌聲，這首歌似乎是他僅有的一切，就算沒有人施捨，他還是擁有那首歌。

隨即他又發現：「爲什麼他的神情看起來是那樣的滿足？」

突然他意識到一件事，原來盲人是因爲感到滿足而歌唱，在歌聲與祝福聲中，他快樂地傳遞著這樣的意念：「明天的歡喜是源自今天的包容，包容那些無法改變的事實。」

亞特抬起頭，看了看川流不息的「面孔」，一張張冷漠、職業化的臉，一張張永不滿足的臉，他忽地打了一個冷顫。

走過了一條街，亞特仍然聽得見盲丐的歌聲，抬頭仰望著天空，不禁感慨地說：「看不見的他其實有雙敏銳的眼啊！而我徒有一對明亮的眼睛，卻得透過他的心眼，才能看見生命之美。」

居住在摩登城市中的你，是不是也和亞特一樣，經常得從別人的眼中驚覺：「原來，我們的世界是這樣美麗！」

因爲情緒不同，因爲延續的氣氛出了狀況，不管樂曲多動聽，旋律多麼輕快，不同的人聽見這首曲子時，接收到的感受與心得也不盡相同，甚至同一首歌，被人們拿來寄託或抒發的目的也會不同。

就像亞特和盲乞丐在同一首歌中的不同感受，一個聽見了宿命的抒發，聽見了自己囚困生活的哀弔樂音；一個則是單純的歡唱，樂天知命的歡唱。

別再等到別人哭泣，我們才發現自己的幸福，更不必等別人指引，才能看見美麗世界的角度。

每個人都擁有著相同的視野，只要調整自己的角度，每個人都能看見世界的美麗，也能聽見屬於自己的幸福之歌！

不說，有一天你會後悔

不想有遺憾，就不能有人被犧牲，既然你可以給只有一面之緣的朋友一個擁抱，那麼你更要給身邊的人一個真情的擁抱。

我們都習慣把生活中的人事物，以「輕重緩急」一一分類，然後把心中認爲「最不重要的」，放到最後或角落邊。

這樣分類的結果，有人會按部就班地把最後和角落裡的事完成，但也有人從此遺忘了。

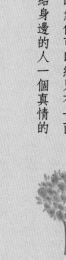

有一次，激勵大師戴爾·卡耐基爲一群中年人上課時說：「今天的作業是，在下個星期回來上課前，請大家回去對你身邊的人說，你愛他！請注意，你們挑選的對象，必須是從未聽你說過這句話的人，或者是很久沒聽你說這句話的人。」

這項要求看起來很簡單，但是對這些大部份年過四十的學員來說，卻是件很麻煩的作業，因爲對這些習慣隱藏情感的中年求人來說，要如此大剌剌地表露情感，實在是件難爲情的事。

一個星期過去了，卡耐基微笑地走了進來，問道：「有沒有人願意主動分享他的作業心得呢？」

這時，有個男學員舉起了手，神情激動地說：「上星期聽你交代這項作業後，我的心中就充滿了壓力。但當我開車回家時，想了很久，終於讓我找到了對象。我知道有很多人等著我說『我愛你』，但是，你也知道的，自從五年前我和父親爭吵後，我們就一直在冷戰中，甚至父子倆還得刻意地避不見面，即使在聖誕節這類重要聚會上碰面，我們仍然沒有任何交談。」

男學員停了一下，繼續說：「不過，上個星期我想通了，回到家時，我告訴我自己，我一定要告訴父親，其實我很愛他。」

忽然，男學員的神情一變，滿臉幸福地說：「你知道嗎？當我這麼一想，心中的壓力頓時輕了許多，這似乎預告著我，一切會很順利似的。於是，我一回到家，就衝進房間中告訴太太這個決定。老婆一聽，忽然緊緊地擁著我，那天我們聊了一個晚上，感覺眞棒！」

這個幸福的男學員又停了一下，接著說：「第二天一早，我到辦公室打電話給父親，告訴他：『爸爸，今天我想回家，因爲我有些事想告訴您。』父親以爲我又想找他麻煩，便暴躁地回答：『到底是什麼事？』我沒有多做解釋，因爲我想當面對他說出心中的話，所以，我只說：『我保證不會花很長的時間！』最後，父親答應了。」

「下班後，我立即趕回家中，沒想到是父親來幫我開門。一看見滿頭白髮的父親，我不想再等待，便馬上說：『爸，我只是來告訴你，我愛你！』你知道我看見什麼嗎？我父親伸出雙手，上前擁抱著我說：『我也愛你啊！兒子，我也好想對你這麼說，但是我卻一直無法說出口。』」

男學員看著卡耐基，繼續說道：「這一刻對我來說眞的非常珍貴，當時我眞希望時間就這樣停住，媽媽滿臉淚水地走了過來，我親了她一下，再回頭與父親擁抱了好久！」

說著，這個男學員突然低下了頭：「其實，這一段不是我要說的重點。我眞正想說的是，在擁抱後的第二天，患有心臟病的父親忽然發病去逝了，我眞的沒有想到會這樣。所以，我想告訴大家，你知道必須做的事情千萬別再遲疑，就像我，如果當初有任何遲疑，沒有立即讓父親知道我心中的愛意，那麼我將永遠失去這樣的機會，心中也將有無限的遺憾，不是嗎？」

相同的故事不斷地發生在我們的身邊，或許正發生在你我身上，是吧？

看著這位卡耐基學院的男學員差點造成的「遺憾」，你是否也憶起了那個一再被你遺忘的「角落」？

每當家人說「找個時間回家」時，你的回答是不是也和多數人一樣，煩躁地說：「最近很忙，沒空！」

是眞的沒空，還是那不在你最重要的計劃範圍內？

家人是我們最容易略過的重點，因爲我們總是認爲，他們懂得犧牲並體諒我們，但是以忙碌與無暇照顧爲藉口的我們，一有困難時，急切地尋找的靠山，難道不是最親的家人嗎？

不想有遺憾，就不能有人被犧牲，既然你可以給只有一面之緣的朋友一個擁抱，那麼你更要給身邊的人一個眞情的擁抱。

因爲，有件事你一定很清楚，他們所做的一切只是爲了你！

懂得分享，就會更加快樂

不管是情人、親人還是陌生人，只要我們願意不分親疏與他們共享快樂，下一秒，我們就能獲得相同的幸福與快樂！

《魯賓遜漂流記》作者笛福曾經寫過這麼一句話，值得我們深思：「當你將手掌緊握，充其量只能擁有自己能握到的空氣；當你將手掌打開，你就能夠擁有全世界的空氣。」

其實，所謂的「擁有」並不是將擁有的東西緊緊掌握在手中，而是必須懂得適時放手、適時分享。

還記得小時候我們一起舉著手，宣示「我爲人人，人人爲我」的那股高昂而快樂的情緒嗎？

從小，我們就懂得「助人爲快樂之本」的滿足感，也很清楚知道「獨樂樂不如衆樂樂」的重要性，但是，爲什麼現在的我們卻老是繃著臉，不願與別人分享快樂呢？

在克拉克與父親的前面，有對父母帶了八個小朋友一起在排隊，他們也正等著購買門票，好欣賞這難得一見的馬戲團表演。

那些小朋友，開心地手牽手，乖巧地跟在父母親的身後，他們的情緒是興奮的，因爲，他們正熱烈地討論著海報上的小丑與大象。

克拉克看著他們，心想：「今晚肯定是孩子們最快樂的時光。」

這時，售票員問：「請問，您要多少張票？」

只見八個孩子的父親，帶著滿臉驕傲與幸福的神情，回答：「請給我八張兒童票和兩張全票，我帶了全家人來看馬戲團表演。」

然而，當售票員說出總金額之時，這個父親的笑容頓時消失了，孩子們的媽媽也把頭低了下去。原本相當開心的父親，上前小聲地問售票員：「您剛剛說多少啊？」

售票員又報了一次價格，父親滿臉歉意地看著孩子們，似乎有話要說，但是，只見他的嘴唇動了動，卻怎麼也說不出口。

克拉克看著父親，小聲地說：「他好像不夠錢耶！」

父親對著克拉克點了點頭，接著悄悄地從口袋裡，拿出一張二十元鈔票，並技巧地讓它掉在這個父親的身旁，然後他又蹲了下去把鈔票撿起來，並對那個父親說：「先生，不好意思，這二十元是從你口袋裡掉出來的。」

這個父親一看，當然猜出其中原因，他滿臉感激地看著克拉克的父親，並用雙手緊緊地握住克拉克父親的手。

他泛著感激的淚光說：「謝謝你，先生，今晚這張二十塊錢的鈔票，對我和我的家人意義重大啊！」

雖然，這天晚上克拉克和父親無法進去欣賞馬戲表演，但是，克拉克對父親說：「爸爸，我今晚好開心喔！」

從分享快樂的氣氛散開，馬戲團的小丑、孩子們的笑容、犧牲與分享價值中，相信你也感受到故事中沒有間斷的幸福感吧！

是犧牲還是擁有？是放棄還是得到？

我們從克拉克的話中，就可以知道答案了。一張二十元的鈔票，從原本只有兩個人的快樂，又多出了十個人的快樂，不是「擁有」是什麼？

人與人之間分享快樂，沒有犧不犧牲的問題，只不過是我們對於快樂的價值界定不同罷了。

當我們高唱著對情人的包容時，也把這個觀念帶進日常生活中吧！因爲，不管是情人、親人還是陌生人，只要我們能爲他們著想，願意不分親疏與他們共享快樂，下一秒，我們就能獲得相同的幸福與快樂！

用快樂的心情面對困境

從「心」開始，給自己多一點快樂的微笑與支持。當你準備大展身手前，開心一點，快樂一點，你一定能順利完成！

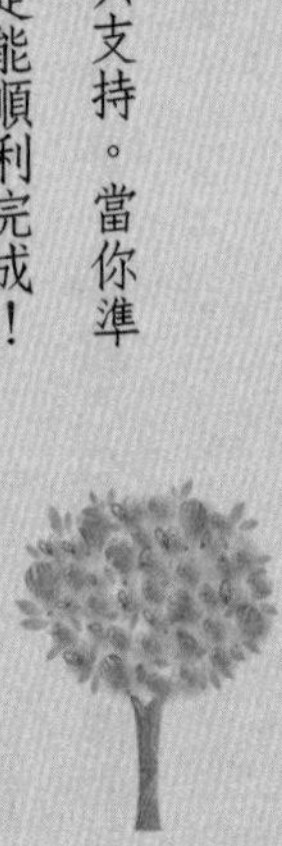

「unwell」的意思，是指不快樂的身心狀況，這個字在英文裡意即「疾病」，是由「不」與「安樂」兩個字所結合而成。

一個人如果身心不安樂，非但不會有圓滿而成功的結果，反而會因爲心中積滿怨懟的負面情緒，導致人際關係冷漠，甚至出現心理或生理疾病。

想要減輕自己的身心負擔，唯一的方法就是讓自己快樂起來。

經過哈佛大學心理學系教授們的長期研究，發現快樂與犯罪行爲之間，有一個最大的關連，那就是荷蘭的一句格言：「快樂的人永不邪惡。」

他們還發現，許多罪犯都是來自於不快樂的家庭，而且他們的人際關係也非常不佳。種種不快樂的因素加起來，讓他們的性格產生極大的偏差。

耶魯大學的心理學者辛德勒博士，對「挫折」這項問題也研究了十年，最後他所獲得的結論是：「我們對於別人的不道德與敵視，其實都是源自於我們自己的不快樂。」

辛德勒博士在研究專論中還說：「追溯精神病的源頭，我們也發現，主因還是在不快樂的問題上。所以，想治好他們的病情，我認爲唯一的方法，就是讓他們先快樂起來。」

此外，有一項調查顯示，保持愉快心情的企業家，他們習慣看見「事情的明朗面」，所以他們比悲觀的人更能突破困境。正因爲如此，這些樂觀的企業家也比其他人，更能獲得非常的成就。

要怎樣才能讓自己保有快樂的心情？

方法很多，但是大多數人都本末倒置了。因爲，我們經常安慰自己：「好好地做，你很快就會獲得愉快的生活！」

希望功成名就的人，則會不斷對自己說：「忍一忍，苦一苦，只要成功了，快樂自然來！」

不管是哪一個情況，這些快樂背後其實都背負著許多條件，一旦不合乎自己的期望，或是無法達成時，快樂恐怕永遠都不會出現了。

從辛德勒博士的研究中，我們可以說：「一切，從快樂的心情開始。」

從「心」開始，給自己多一點快樂的微笑與支持，你就能獲得想要的成功。

當你準備大展身手前，可以對著鏡子裡的自己這麼說：「開心一點，快樂一點，你一定能順利完成！」

放下沒必要的煩惱

生活中的煩惱，其實與外在的人事物無關，因為人生的決定權一直在我們的手裡，煩惱也是如此。

奧地利作家茨威格在談論大航海家麥哲倫的功績時，曾經說：「人生最大的幸福，就是讓自己的心境保持平和安靜。」

這是因爲，一個人的心境倘若無法保持平和安靜，就會自尋煩惱，讓自己的心靈充滿不必要的負擔。

自尋煩惱的人經常會爲了一件小事心煩，也容易把事不關己的一切攬到身上，只是當他費盡心力在想辦法應付之時，可能會聽見相關的人說：「啊，我早就忘了！」

麥西是個很容易自尋煩惱的人，為了一個小小的問題，他可以從早到晚，不斷哀聲嘆氣：「唉，怎麼會這樣，我快被煩死了！」

每當艾琳看見麥西又在哀聲嘆氣，都會生氣地說：「還不是自找的！」有一天，在辦公室裡，麥西聽見艾琳的批評，當場生氣地上前質問：「妳為什麼要落井下石？」

艾琳看著青筋暴露的麥西，冷冷地說：「我沒有落井下石啊！」

麥西氣憤地說：「怎麼沒有？我明明聽見妳說：『那是你自找的！』」

艾琳不以為然地說：「難道不是嗎？從早到晚，你只會不斷地說：『怎麼辦？怎麼辦？』然而在抱怨之後，你又解決了多少事情？還有，有些事根本就與你無關，你卻不停地批評別人處理得不夠好，又說自己可以做得比他們好。但是，在我看來，你連自己的事情都還沒有解決，又有什麼資格去批評別人？還有，每天你一踏進門，我們看見的就是一張臭臉，一坐下來就開始說：『唉，今天的事眞多。』」

麥西小小聲地喃喃自語著：「本來就是！」

艾琳看著他，繼續說：「你可以不必這樣的，每天都可以是一個全新的開始。我們希望一起共事的伙伴，每天都能帶著活力笑容進門，不管今天的工作量有多大，我們一坐到工作崗位上，只需要開始今天的第一步，並一項一項地完成、解決。我相信，在一天結束之後，我們都可以輕鬆快樂地下班，而明天又會是一個全新的開始。」

麥西聽見艾琳一大串地說了出來，吃驚地看著她：「難怪妳總是能把事情輕鬆完成。」

艾琳看著有點喪氣的麥西，緩和了口氣，安慰著他說：「你也可以！只要你一早起來，不要再把『我擔心做不完』的念頭，加諸給自己，那麼你也可以像大家一樣，快樂地完成一天的工作。」

「還有，」艾琳微笑著對他說：「希望你明天能帶著笑容來公司。」

你是否也像麥西一樣，經常把煩惱放在前面，讓自己跟隨著它前進？

有人面對不順遂的人生，總是一笑置之；有人平順了大半生，卻因爲一個偶然發生的小挫折而倒地不起。

這說明生活中的煩惱，其實與外在的人事物無關。

人生有光明面，當然也有黑暗面，也許有人要問：「我面對的是光明面，還是黑暗面？」

答案其實就在我們自己的心中，因爲人生的決定權一直在我們的手裡，煩惱也是如此。

試著用愛意取代恨意

只要有顆真心的愛，愛不必盡訴，人們一樣會感受到你的疼愛，並回饋你相同的關愛。

多數宗教或激勵課程都教導我們，要盡情地把愛說出來，也要努力地把愛分享給每一個人，然而，我們眞能面面俱到，沒有遺漏嗎？

當我們頻頻詢問對方，是不是眞的疼愛我們時，其實正表示我們心中對於這份愛還是存疑的，不是嗎？

別再等待對方盡訴愛意，因爲，眞正的愛很多時候是難以啓齒的，有些人也只懂得用樸實、粗糙的小動作來表現，只要我們能細心體會，不再存疑，自然會發現自己想要的眞愛。

某個雲淡風輕的午后，尼爾和穆斯塔法正坐在公園休息聊天，尼爾忽然說：「我愛每一片綠葉……」

穆斯塔法看著尼爾，質疑地問：「你怎麼啦？什麼每一片綠葉你都愛？嗯！聽說有些綠葉具有劇毒，不但吃了會喪命，就算是不小心碰到了，皮膚也會潰爛，難道這樣的毒葉你也愛？」

尼爾淡淡地說：「我愛每一片無毒的綠葉……」

穆斯塔法聽了頗爲好奇，於是接著又問：「你爲什麼只愛綠葉？難道你不愛紅色的葉子？」

尼爾再次淡淡說：「我愛每一片無毒無害的葉子，不管它是綠的、紅的，還是金黃的。」

穆斯塔法似乎故意想找麻煩，於是又問：「你爲什麼只愛葉子？爲什麼不愛花朵，不愛果實？」

尼爾有點無辜地說：「我當然也愛花朵啊！不過，我不愛有毒的花，比如罌粟花，我也愛果實，但是不包括有毒的果實。」

穆斯塔法繼續追問：「但是，如果沒有根部努力地吸收營養，又怎麼會有枝葉、花朵和果實呢？」

尼爾同意地點了點頭說：「我也愛每一條根鬚！」

最後，穆斯塔法忍不住說出他心中眞正的問題：「你不覺得，你什麼都愛，其實也等於什麼都不愛？」

尼爾不解地問：「那你認爲什麼是愛？」

穆斯塔法說：「我認爲，有恨才有愛，我實在搞不懂，你爲何只熱衷於愛，卻絲毫不提恨呢？」

尼爾回答說：「喔！既然有愛，當然也會有恨。只是，我的愛意多過於恨，而且無法盡訴！」

穆斯塔法對尼爾的要求很吹毛求疵，從他的一連串質疑中，我們更能看出他的狹隘與偏頗，因爲他似乎認爲，愛應該一字不漏地掛在嘴巴上，而且既然有愛，就不可能沒有恨。

然而，愛一定要與恨一搭一唱地出現嗎？此外，心中的愛眞的得點滴不漏地表示出來嗎？

不需要吧？正如尼爾想說的：「我的愛多過於恨，即使無法說盡，我也會讓人們清楚地明白我的眞心。」

只要我們心中拿得起放得下，愛過之後就不會有恨，因爲只要心中的愛能持續，我們很快就會獲得另一個更體貼的愛意；只要有顆眞心的愛，愛不必盡訴，人們一樣會感受到你的疼愛，並回饋你相同的關愛。

不要用恨意來激勵自己

別再四處尋找敵人的蹤跡，更不要老想著如何扯對手的後腿，因為，聰明的人用正面的態度與方法，經營自己的人生花圃。

在過去的傳統社會，我們常常見到，上一代的對立延續到下一代，不僅讓兩家人變本加厲地對峙，更因爲子孫的繁衍而讓仇恨繼續擴大，甚至釀成社會的潛在危機。

在這個習慣尋找「敵人」用以激勵自己的社會，有多少人相信，與人和善相處反而更能創造成功的奇蹟？

陌明從小便勤練武功，因爲他有一個心願，希望長大後能報殺父之仇。

到了成年，他終於完成了這個心願，將殺父仇人殺了。

只是，當他看見仇人的兒子時，卻又產生了同理心，心生內疚的他，發現這樣的報仇行爲其實不太正確。

看著仇人的兒子，他不禁想著：「當年，我也和這個孩子一樣年紀，也許等這孩子長大後，也會爲了報殺父之仇而來殺我，唉！如此一來仇恨循環不已，似乎將永無了結之日。」

於是，陌明想出了一個辦法，隱瞞自己的身份，並收養仇人的兒子爲徒弟，從小教他詩書、武藝及爲人處世的道理，最後還將女兒許配給他。

仇人之子和小時候的陌明一樣，從小「報仇雪恨」四個字也從不離口，而且練武態度比陌明當年更加積極。

當仇人之子長大時，陌明便告訴他：「你可以去找你的殺父仇人了。」

隨即，陌明把家人全部聚集在大廳前，向他們宣佈：「我準備到寺廟裡修行佛法，你們不必勸阻我，一切皆有其因果。」

第二天，仇人之子與陌明分別上路了。

仇人之子幾經打聽，最後才得知，原來他的殺父的仇人竟然就是自己的師父，內心極其矛盾與痛苦的他，想著師父的疼愛與愛妻，實在進退兩難。

當他來到寺廟裡，拜見陌明時，沒想到陌明卻冷靜地告訴他：「我早就知道自己會有這麼一天了，孩子，這是因果，逃不了的，你還是殺了我吧！因爲，一切會在這裡結束的！」

於是，陌明便從容地死在女婿的劍下。

心神俱疲的仇人之子回到家中，只見他的妻子嘆了口氣，似乎明白丈夫的不得已，她上前拿走了丈夫的劍，並說：「我們將這把劍埋了吧！以後我們兩家再也沒有仇恨了。」

刀劍埋了，過去的恩恩怨怨也終於埋葬，再也不會傳給下一代，這就是「葬劍亭」的由來。

人們常問：「冤冤相報何時了？」

報仇心切的陌明到頭來才發現，原來記住仇恨是件相當辛苦的事，特別是當他終於等到了報仇雪恨的機會時，同時也看見了另一個無辜的仇家遺孤，一如當年的自己。於是，他明白，如果仇恨不能在自己身上結束，兩家人必將綿綿不絕地廝殺下去，那不僅對自己無益，更對後代子孫有所傷害，所以他決定：「一切在這裡結束！」

其實，當你心中有著揮之不去的怨懟與怨恨時，真正痛苦的人不是你仇恨的對象，而是你自己啊！

如果，你想享受人生，希望日子過得快活舒暢，並愉快地迎接成功未來，那就別再四處尋找敵人的蹤跡，更不要老想著如何扯對手的後腿。學會放下就是快樂，聰明的人只會積極與人結善，積極地與人重修舊好，用正面的態度與方法，經營自己的人生花圃。

恨意越多，日子越不快活

心中恨意越多的人，生活肯定比別人難過，而習慣了處處提防的人，心中也比別人更容易產生敵意，更容易與人起爭執。

仇恨、對立與爭執，在現代社會中似乎並未隨著文明的演進而進步，反而因爲個人主義的高漲而更加突出。

殊不知，寬容所產生的效果，遠遠大於仇視和報復，至於恨意越多，則只會讓你的生活越來越不快活。

古時候，印度仁君長災王的國土，不幸被好戰的鄰國侵略，長災王帶著王妃和王子躲藏在一個隱蔽之處，但是最仍然被敵兵發現而遭到俘虜，只有王子一個人逃出虎口。

王子想盡各種方法，企圖將父王救了出來，但徒勞無功。

長災王行刑的那一天，王子淚眼模糊地來到刑場外圍，遠遠地望著父王準備赴死情況，心中萬分悲痛與怨恨。

長災王遠遠地看見了王子，只見他在嘴裡叨叨唸著：「不要看太久，不要急躁焦慮，仇恨只能以無恨去平息。」

這句話當然要說給太子聽的，但是長災王死後，王子卻一心只想著爲父親報仇。王子混進了敵國皇宮，成爲皇家的奴僕，辛勤工作的他，很快地獲得了君王的賞賜與信任，也漸漸而成爲國王的心腹。

有一天，國王率領僕從出城打獵，這個冒充僕人的王子心想：「機會終於來了，今天我一定要報仇。」

來到城外，他設法引誘國王脫離隨從，由他一個人領著國王，來到山林裡四

處奔跑，不久，國王感到精疲力盡，由於非常信任眼前這個年輕人，便以他的膝蓋爲枕，放心地睡著了。

王子眼看時機成熟了，心想：「這眞是天賜良機啊！」只見他立即拔出了刀，準備往國王的脖子上用力砍去，可是，就在這個時候，他忽然憶起了父王臨終前的遺言：「恨只能用無恨去平息！」

這句話不斷地浮現腦海，王子手上的刀因而數度揚起，又數度落下，躊躇不已的王子，最終還是無法下手。

不久，國王突然從夢中驚醒，他對王子說：「剛剛我做了一場好可怕的夢，我夢見長災王的王子，正準備刺穿我的脖子。」

王子一聽，一把將國王推倒在地，舉起刀說：「我就是長災王的兒子，現在就是我報仇雪恨的時候。」

然而，王子雖然忿忿地說著，但是隨即又頹然的將刀丟棄，並跪在國王的面前，說出父親臨終前的囑咐。

當國王得知長災王的遺言時，心中非常感動，也對自己的作爲深感愧疚，於是，國王立即向王子道歉，王子也對自己的欺騙表示歉意。

回到皇宮，國王決定將佔領的土地歸還給王子，還簽下了一張盟約，約定兩國要維持永久不變的和平邦交。

心中恨意越多的人，生活肯定比別人難過，而習慣了處處提防的人，心中也比別人更容易產生敵意，更容易與人起爭執。

試著想想，當你的心中塞滿了這麼多不滿情緒，又怎麼開朗得起來呢？

「仇恨，要以無恨去平息」，長災王在臨刑前以此遺言告誡兒子，無非是爲了保障兒子的性命，此外，他也明白，不管仇恨多深，只要能去除了仇恨對立的念頭，每個人都可以重新建立關係，重新拓展彼此的幸福未來。

各退一步，幸福才能更進一步

要從我們自己開始，學會體貼分擔，聽見家人們對你的真正心意，那麼，你自然會獲得其他人的相同對待。

法國哲學家伏爾泰曾經如此寫道：「對於亞當，天堂是他的家，而對於他的後裔，家就是天堂。」

人生最大的幸福和歡樂，建立在親密無間的家庭關係中。

但是，對於家人，不知道爲什麼，很多人總是不願發揮包容心，不願退讓，總是習慣用直接而火爆的方式與家人們溝通，當然也更容易糾起了彼此的心結，讓原本血緣至親的人，從此反目成仇。

從前，有戶人家每天都會從屋裡傳來吵架的聲音，如此不和睦的家庭生活，連他們自己都感到痛苦。

當他們發現隔壁鄰居一家人，居然可以每天都傳出笑聲，一家和樂的過日子時，不禁十分羨慕，認爲他們一定有特殊的秘訣，於是這家愛吵架的女主人，便前往請教家庭和睦的方法。

門一打開，只見快樂家庭的男主人笑著走出來，女主人連忙問他：「你們家每天都好快樂喔！從來都沒聽過你們吵架的聲音，能不能請您告訴我，其中有什麼秘訣嗎？」

這個男主人聽了笑著回答說：「喔！因爲我們家每一個人都是壞人，所以當然不敢吵架囉！」

女主人呆呆地看著男主人，因爲她完全聽不懂，心想：「因爲都是壞人，所以不吵架？這什麼道理？」

女主人想了想，忽然感覺深受嘲諷，便不高興地轉頭離開。

直到第二天，她偷偷觀察後才明白，男主人所謂的「壞人」的道理。

因爲，這天快樂家庭有一輛腳踏車被偷了，於是一家人來到後院，希望能找出原因，結果她聽見他們的對話，竟是如此：

一個說：「唉！都是我的錯，居然沒有把大門關好！」

另一個聲音則是：「不是你的錯，都是我忘了鎖門，是我害了大家。」

接著，另一個人又說：「是我的錯啦！都是我把車子放在院子裡，才會被小偷輕易偷走的。」

聽他們搶著承認犯錯，女主人終於明白，原來所謂的「壞人」，就是承認自己犯錯，並體諒其他人的疏忽，如此一來，一家人的心便不會被這麼一件小事干擾，讓相互體諒的心思，把家人繫得更加緊密。

是承認自己有缺點，也是相信對方的好，這是故事中幸福家庭的溝通重點，也是「相互體貼」的最佳表現。

爲了找到溝通的平台，也爲了建立幸福家庭的環境，家人之間何不各退一步，互相分擔彼此的責任？

因爲，那不僅能讓彼此多一點溝通空間，更能拉近一家人的心！

每個人都渴望家庭幸福，也更期待一家人溝通無礙，所以，我們別再等待家人的「明白」，而是要從我們自己開始做起，學會體貼分擔，聽見家人們對你的眞正心意，那麼，你自然會獲得其他人的相同對待。

能夠如此，我們的幸福生活自然會更進一步！

3.

再辛苦的難關
也一定能走過

時間一定會帶走所有困頓，
所以我們一定要努力上進；
只要一過了這個難關，
下一步我們就會來到夢想的天空。

關懷是支持生命的最大力量

只要你願意接納和擁抱每一個人，你的生活不僅會充滿快樂陽光，生命也會燃燒得燦亮動人。

證嚴法師曾經說過：「要生活健康，心靈富有，就一定要有愛心。」支持生命的力量雖然很多，但卻只有愛，才會讓我們的生命更加積極；唯有願意付出關懷的人，才能真正地享受生命的樂趣與幸福。

有個垂垂老矣的婆婆，每天只能坐在陽光下熬日子，面對枯躁乏味的餘生，

坐在搖椅上，她經常忍不住叨唸著：「我好像聞到棺材味兒了！」

每當她一想到這裡，原本被太陽曬得通紅的臉，頓時又失去了生氣。悲觀消極的她，經常覺得自己活在世上是多餘的：「是啊，我是一堆快被世界分解掉的垃圾！」

有一天，頹喪的老婆婆又在胡思亂想時，身後突然出現一個小女孩的聲音：「奶奶，我好餓喔！您能不能給我一點吃的？求求您！」

老婆婆看著眼前又臭又髒的小女孩，惻隱之心油然而生，於是一邊拉著女孩進屋找吃的，一邊則親切地問著：「孩子，妳的家人呢？」

女孩泛著淚光說：「我沒有家人！我是個孤兒！」

老婆婆拿出了一塊麵包和牛奶，和善地對小女孩說：「慢慢吃吧！等會兒奶奶幫妳洗澡，好不好！」

小女孩一聽，用力地點了點頭。從此，這間屋裡又多了一個小女孩的身影，每當老婆婆在後院曬太陽時，小女孩都會守在她的身邊。

然而，每當老婆婆又忍不住嘆息著自己就快死了的時候，小女孩都會拉著她的手，著急地說：「奶奶，您不會死的！您不能死啊……」

婆婆每次聽見小女孩著急地哭了，都會將女孩抱在身邊，安慰她說：「好，好，奶奶不會死！」

女孩一天一天長大了，爲了孩子的未來，老婆婆開始出去工作。由於年事已高，她只能撿拾些破酒瓶來換錢，雖然生活吃緊，但她卻十分努力地四處尋找可以回收的酒瓶。

其實，死神來找老婆婆好幾次了，然而每當老婆婆嗅到死神氣味時，都會喃喃說道：「再過一陣子吧！那孩子還需要我！」

死神似也被老婆婆的大愛所感動，每當老婆婆從氣息奄奄中忽然精神抖擻起來，人們也相信眞有「死神」這一回事。

小女孩終於長大了，然而，長大後的女孩卻找到了新的依靠，與一位年輕人走了，從此沒有再回到老婆婆的身邊。

這天死神又悄悄地來了，倚在窗邊的老婆婆，眼神正凝望著遠方，似乎期待著奇蹟能夠出現般。

死神搖搖頭說：「時候到了，我們走吧！別再等了！」

只見老奶奶安詳地點了點頭，雙眼從此闔上，當人們發現她時，卻見她滿臉堆滿了笑容。

當我們看見老奶奶帶著笑容離開人間，我們感受到了施惠者的快樂感受，也明白了時時懷抱愛心的好處。

不必太在意女孩的一去不回頭，因爲那不是故事中的重點，也不是老奶奶撫養女孩的最終目的。對老奶奶來說，臨老還有個活力十足的小娃娃來陪伴，即使付出再多，也是她歡喜甘願的享受。

看著老奶奶晚年燭光如此熱烈地燃燒，你是否明白了關懷的好，又是否願意從此刻開始，把無私的關懷時刻放在心上呢？張開雙手吧！只要你願意張開雙手，人們自然會上前給你一份熱情擁抱，只要你願意接納和擁抱每一個人，你的生活不僅會充滿快樂陽光，生命也會燃燒得燦亮動人。

再辛苦的難關也一定能走過

時間一定會帶走所有困頓，所以我們一定要努力上進；只要一過了這個難關，下一步我們就會來到夢想的天空。

時鐘停擺的時候，換上了新的電池，看著秒針積極地前進，聰明的人也領悟到，不管生活多麼沈重，一切都會過去！

一切都會過去，千萬不要被眼前的逆境囿限，堅強地熬過下一秒鐘，我們便能嚐到苦盡甘來的滋味。

如琳從小就對祖母留下來的桃花木盒很感興趣，特別是那個工藝精美的銅鎖，在如琳的爸爸經常擦拭之下，保持得十分澄亮。

「裡面裝了些什麼東西呢？」小如琳雖然經常看見父親拿出這個小盒子，但是卻從未見過盒子裡的東西，一直到她十七歲生日的那天。

「如琳，妳過來。」

只見父親拿出了祖母的小木匣遞給了如琳：「打開它！」

如琳有點懷疑地看著父親，因爲這麼多年來，不管她央求父親多少次，他從來都說：「不可以。」

如琳的爸爸似乎看出了女兒的遲疑，用力地點了點頭。

於是，如琳小心翼翼地打開了盒蓋，裡面有一個繡花包，不過這個繡花包看起來鼓鼓的。

「咦？裡面還有東西！」如琳的心跳得非常厲害，感覺興奮莫名。

小荷包打開了，裡面竟是一包針和幾綑線！

如琳吃驚地看著小荷包，這時父親對她說道：「孩子，這是妳祖母留下來最珍貴的財產，我和妳叔叔他們全靠妳祖母這些針線，一點一滴把我們扶養長大。妳祖母去逝之前，只留下了這個盒子，她要後輩子孫們知道，只要能勤奮上進，再辛苦的難關都能走過。」

如果你邊聽著一曲傳統歌謠，邊閱讀這篇文章，心中定然會充滿感動，看著如琳奶奶的桃花木盒，我們也看見了上一代努力傳承給下一代的希望。

在早期的台灣社會中，有著所謂的針線情。當年，我們可以在加工出口區看見一個個充滿風霜的面容，更會在她們的面容上發現一份堅毅的韌性女工們爲了下一代，更爲了她們所愛的一切，將血汗全編織在一件件織品裡，我們也看見了她們希望的未來。

「時間一定會帶走所有困頓，所以我們一定要努力上進；只要一過了這個難關，下一步我們就會來到夢想的天空。」這是老奶奶放在桃木盒裡的深意，也是她留給後輩子孫們最珍貴的遺物！

為了擁有，我們必須學會犧牲

因為貪婪，我們鮮少願意為世界犧牲，只知道向自然索求，
因為私我，我們總是期待別人能多付出一些。

想擁有，我們必須先有所犧牲；先犧牲，我們才會擁有。

因爲，擁有和犧牲是互補的，這是千古不變的定律，也是避免人們過分貪婪的自然法則。

一場突如其來的大雨，讓山上的洪水開始翻滾而下，正在工地裡休息的工人們聽見了山洪爆發的聲音，全都驚醒了過來。

忽然，有個人叫喊了一聲：「洪水來了！」

現場所有的工人們開始慌張地奔逃，一路往北狂奔，最後來到一座狹窄的獨木橋頭。洪水聲越來越近，大水已經淹到了他們的腳，只見一群人全擠在橋邊不知所措。

這時老工頭突然站到人群的前方，冷靜地說：「這座橋十分狹窄，大家排成一列，不要推擠，一個一個地走過去，年輕人排在最後！」

人群中有人叫喊著：「年輕人也是人啊！」

老工頭一聽，冷冷地說：「別廢話！想早點走的話，到我這兒來登記啊！」

大家看見老工頭滿臉不悅，也不敢再多說什麼，一百多名工人們很快地排成了一列，依序從老工頭的身邊走過了獨木橋。

洪水越淹越高，忽然，老工頭發出了一個怒吼聲：「你還是個人嗎？」接著，從人群中拉出了一名小伙子，罵道：「你最後一個走！」

年輕人被拉在一邊，忍不住狠狠地瞪了老工頭一眼。

所幸，這個小插曲沒有影響到隊伍前進的秩序，就在木橋快要抵擋不住水勢的同時，工人們幾乎都安全地來到了對岸，除了老工頭與年輕人。

水已經深及他們的胸膛，情勢十分危急，對岸的人們紛紛著急地呼喊著：「快過來啊！」

只見年輕人催促著老工頭：「你先走！」

但老工頭卻怒吼著說：「少廢話，你先走！」他用力地推著年輕人上橋，但就在這個時候，一聲轟然巨響，木橋斷了！

老工頭親眼目睹年輕人落入洪水中，原本嚴肅的臉登時充滿了悲痛，就在他張口想叫喊時，一個大浪忽然打在他的身上，兩個人同時消失在湍急的洪水中。

工人們眼看著老工頭與年輕人雙雙被洪水吞沒，卻無力上前救援，全跪在岸邊哭泣。

五天以後，洪水退了，一個滿臉哀傷的老太太被人攙扶著來到岸邊，她是來這裡祭奠被洪水吞沒的兩個人：「老頭子，你還算有兒子相伴啊！而我卻只有一個人哪！」

工人們聽見老太太的哭喊，忍不住都紅了眼眶。

看著父親指導孩子要懂得爲大愛犧牲的畫面，也看見爲了親情犧牲的畫面，閱讀至此已經有許多人紅了眼眶，再見到最終老太太不捨親人的畫面後，相信許多人早已感動得不能自己。

故事結束時，你是否也忍不住會問自己：「相同的事情如果發生在我身上，我會怎麼取捨？」

生長在強調個人主義的現代社會中，我們早已習慣以自己爲中心，處處只爲自己著想。因爲貪婪，我們鮮少願意犧牲，只知道索求，因爲私我，我們總是期待別人能多付出一些，自己卻不願多爲他人著想。

省思至此，看見故事中工頭傳遞出來的「爲他人犧牲」的精神，我們除了感動外，是否也該想想：「我是否太本位義了呢？又是否忽略了他人的感受，以及與生命之間互動時的眞正需求？」

在信守諾言中培養勇氣與承擔

讓孩子們在規則的遵守中，培養出遵守社會秩序與良性互動的品格。生活中一切人事物都富含著極大的潛移默化作用！

生活中的每一個環結都環環相扣。因爲能堅守諾言，我們會是個勇於承擔責任的人，爲了遵守信用，我們會從評估自己的能力後，學會量力而爲。

能做到堅守並尊重諾言的人，實在是少之又少，不過在德國卻有這樣一則信守承諾的小故事。

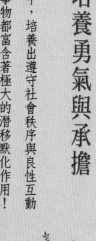

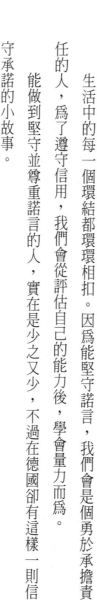

冬夜裡的城市十分冷清，一位正要趕搭末班車回兵營的軍官，卻被一位婦人攔阻。軍官有些生氣地說：「我要趕回兵營去啊！快走開！」

婦人一聽，連忙退了一步，但旋即又上前哀求：「對不起，長官，我不是故意要找您麻煩，只是，只是我有個孩子，他還站在街頭……」

婦人有些吞吞吐吐地說：「對不起，因爲我兒子和其他孩子們原本在街角玩站崗遊戲，但沒想到遊戲結束後，其他的孩子們都回家睡覺了，只剩下我的孩子還堅持要站在崗位上。因爲他說：『不行，我的指揮官說，沒有命令就不能撤退！』我不知道該怎麼辦，只好求您幫個忙，好嗎？」

軍官聽完婦人解說後，沒多說什麼，便跟著婦人來到孩子的面前。只見軍官先是給孩子行個軍禮，並報完他的官階，接著便嚴肅地對著男孩說：「孩子！你的表現十分出色，現在你的任務已經完成了，我命令你立刻撤崗回家。」

「是！」孩子宏亮地回應。

從一個小小的遊戲中，我們也看見了孩子們的個性特質，爲了堅守長官命令的遊戲規則，男孩雖然表現出固執，卻也讓讀者看見了：「未來，他一定是個勇於承擔責任的人！」

從小，我們都曾參與過各式各樣的遊戲，無論是否都能確實遵守遊戲規則，還是經常靈活變通，都代表著我們將來解決問題的態度，所以我們知道，遊戲其實不只是遊戲，也是教育。

像扮家家酒，孩子們在分擔家務的過程中，培養出與家人們溝通協調的能力；其他各式追趕跑跳等趣味遊戲，則讓孩子們在規則的遵守中，培養出遵守社會秩序與良性互動的品格。

就像故事中孩子對於命令的遵從，讓他在遊戲的過程中學會了承擔重任，與堅守諾言，從中我們不難得到啓發：「生活中一切人事物都富含著極大的潛移默化作用！」

故事中的孩子，在寒風中仍然能信守諾言的表現，對於承諾的嚴守，也讓我們深切地體認到，凡事都得從小培養。

為愛犧牲，更要為愛珍惜

真正的愛不一定要犧牲，如果兩個人有著患難與共的心，支持的力量反而會讓我們戰勝一切難關！

爲愛犧牲，不如好好地珍惜你的眞愛。

有人說，愛情的基本是要懂得犧牲兩個字，然而事實證明，一味地犧牲反而更容易讓愛情破碎。

因爲，犧牲更多時候代表著放棄，一旦放棄，想再將對方的心挽回，恐怕再也沒有機會了。

小靜正獨自一個人在公園裡散步。她擁有著挺直的鼻，鼻樑下方則配搭了一只小巧迷人的嘴，再加上那雙水汪汪的大眼睛，人們只要一看見她，都忍不住要多看好幾眼。

今天，她穿了一件黑色的風衣，肩膀上則披著白色的絲巾，這一身簡單素雅的裝扮，更突顯出她的非凡氣質。

「咳！」小靜忽然滿臉痛苦地捂著胸口。

糾結的眉心讓人看了都感到心疼，看護人員嘆了口氣，對著身邊的人說：「可憐的女孩，竟得了肺炎，如今，她的生命時間正一天天地消逝中。」

「咳！咳！」小靜又咳了好幾聲。知道自己的疾痛會傳染給別人，善良的小靜與人群越走越遠，有時候連家人要來爲她打氣，她都拒絕見面。望著遠方，這時突然颳來了一陣風，將小靜身上的絲巾吹落到地上，但有些失魂落魄的小靜似乎一點也不在意，只見她帶著滿臉的愁容，繼續往前走去。

就在她信步走到小徑的盡頭，準備折返回來時，正巧迎面走來一個男子。這個男子的臉上一點表情也沒有，小靜看了他一眼，男子則冷冷地將手中的白色絲巾遞給了小靜。

小靜接過手後，正準備出聲道謝時，卻見男子的臉上出現了很奇怪的神情。小靜看見男子臉上的變化，忍不住猶豫了一下，最後連謝謝也沒說，便匆匆地收起絲巾，轉身離去。

不久，小靜病況轉惡，痛苦掙扎了二天之後，最後還是很不幸地去世了。

沒想到過了三天，看護人員聽說幫小靜拾起絲巾的男子也死了，連遺言也未留完：「我們眞的很相愛，我們都……」

最重要的是，看護人員還打聽到一個消息，那個男子也是位肺炎患者！

看完了故事，聰穎的你是否也看出故事裡的玄機？

爲了保護女孩，男孩忍痛犧牲自己的愛意。也因爲愛，男孩堅決離開女孩的身邊，獨自忍受相思苦楚。

然而，當我們在看完故事之後，相信許多人都要忍不住斥責老天爺的捉弄：「兩個人都已經病了，爲了什麼還要刻意地隔開？兩個人都已經不再見面了，爲什麼還要安排這樣的巧遇？」

重新勾起了思念，於是我們忍不住猜測著，眞正把他們推進死亡圈的手，不是重病，而是兩份無法割捨的思念。

於是，因爲這份思念的痛苦，讓我們忍不住思量：「要怎樣爲愛犧牲才值得，是獨自承擔，還是一起分擔？」

愛情的標準因人而異，爲愛犧牲的程度也因人而異，我們無法找到犧牲的絕對值，也無法設計出標準值，只能給與天下有情人一個建議：「你可以為愛做出犧牲，但更要懂得珍惜，因為真正的愛不一定要犧牲，如果兩個人有著患難與共的心，支持的力量反而會讓我們戰勝一切難關！」

懂得尊重才是真正的愛

缺乏包容與尊重的人際交流，很難擁有美好結局，缺乏包容與尊重的愛情追逐，無法擁有美好的成果。

謙虛的微笑最是美麗，包容的臉龐最是溫暖。

當我們的目光投注在美麗的微笑裡便再也無法移動，當我們的心思專注於包容的臉龐中便會感受幸福的滋味。

在街角的一間獨棟公寓頂樓，有個美麗的女子正站在陽台上乘涼，她那似水般的雙眸以及微風吹拂的秀麗髮絲，總是不經意地引得路人佇足欣賞。

「那是誰家的女孩？眞美！」路過的人們總是這麼讚美著。

有一天，有個男孩經過此地，也和大家一樣被女孩的美麗吸引，忍不住地停下腳步，仔細欣賞。但是，男孩這一佇足，從此再也離不開了，因爲他完全爲女孩的美貌著迷。

有一天，女孩準備出門時，男孩立即上前表示友好：「小姐妳好，我十分喜愛妳，能不能和妳交個朋友？」

女孩滿臉傲氣地看著男孩，接著便不屑地說：「好哇！如果你眞的那麼喜歡我的話，請你站在陽台下一百天，我自然會下樓來找你。」

男孩果眞實行了，無論颳風下雨，他從來都沒有離開過。

「明天就是第一百天了！」驕傲的女孩忍不住想看看那個男孩。然而，就在這個時候，她卻看見那個男孩緩緩地站了起來，提起了椅子若無其事地走了。

女孩一看男孩居然走了，竟難過得暈了過去。

受你了。

把頭抬得高高地看人，人們當然無法感受到你的情感，更別提他們是否能接受你了。

如果外表的美麗僅止於外表，醜惡的內在最終還是會被發現。因爲外表的包裝一向很薄，只要輕輕一碰觸或是步伐再靠近一些，我們不難發現內裡的物件，了解到這樣的愛戀不值得付出！

領悟了故事想告訴我們的旨意，還高掛著傲氣的人們，是否已經開始收斂起氣焰呢？

缺乏包容與尊重的人際交流，很難擁有美好結局，缺乏包容與尊重的愛情追逐，無法擁有美好的成果。

所以，無論我們正在經營什麼樣的情感，都不能忘記這個道理：「不管是愛情、友情還是親情，包容與尊重是串起這些情感的重要環扣！」

「真」是生命中最珍貴的

對你來說，什麼才是你生命中最寶貴的東西？是錢？是文字？還是健康？又或是情感？

眞實地分享你的生命，不必隱藏，因爲你分享得越多，人們回應給你的眞實情感將會更多！

能將情感紮實地展露出來，人們才會誠摯地接納你，倘若這是你生活中是重要的目標，你將不自覺地展露出生命的自信。

岸邊走來了一個有錢人、一個拳擊手、一個高官和一名作家，他們來到渡船邊，同時要求擺渡人載他們渡河。

但是，擺渡人卻出了道難題給他們：「沒問題，但是你們要把自己最寶貴的東西分一點給我，不然別想搭我的船。」

有錢人拿出了一筆錢，擺渡人立即笑著說：「請上船！」

這時拳擊手舉起了他的大拳頭說：「這個你吃得消嗎？」

擺渡人一看，微笑換成了一個苦笑：「也請上船。」

已經想了很久的高官，這時說：「你送我過河之後，就別做這麼辛苦的工作了，不如到我府第裡工作吧！」

擺渡人聽了非常開心，連忙上前扶他上船。

接著，作家則說：「我最寶貴的東西是寫文章，但我現在一時也寫不出來，不如我唱首歌兒給你聽吧！」

擺渡人揮了揮手說：「唱歌？我也會唱啊！如果你什麼都沒有，唱首歌也行，只要你唱得好，便送你到對岸去。」

作家清了清嗓子，接著便唱了起來，但他還未唱到一半便被擺渡人打斷：「你唱這什麼歌？眞難聽。」

說罷，他便撐起篙子離岸。

作家呆坐在岸邊，只見暮色越來越濃了，不禁想起等在家裡的妻兒們，還期待著他手中要來的米。

又冷又餓的作家，心中一陣酸楚：「爲什麼會這樣呢？唉！我從未做過壞事，老天爺爲何要這樣待我！」

「你這個嘆息聲比剛才唱的歌好聽呢！現在，你已經把最寶貴的東西分享出來了，請上船吧！」

擺渡人忽然靠岸，作家吃驚地看著他的改變。

擺渡人似乎看出作家的困惑，笑著說：「剛剛你已經把心中最眞實的感受和我分享了！」

作家終於來到了對岸，思索剛剛擺渡人說的那番話，深覺：「船夫說眞好，如果作家沒了眞實的情感，創作之路當然無路可走了！」

第二天，作家來到了岸邊，擺渡人已經不見了，因爲他決定到高官家工作了。作家看著船，心想：「我不如來做擺渡人吧！」

少了財富的誘惑和權力的壓迫，他以誠摯的情感運送每一位客人，也要求乘客們能以眞情回報。

工作一段時間後，作家從中有了領悟：「我竟然從未改行啊！原來，創作和擺渡一樣，都是要把人渡到前方去。」

看似不同的分享方式，其實有著共同的特質，那便是故事中的人物都將身上最眞實的東西分享與擺渡人，像有錢人的金錢、拳擊手的拳頭、高官的權力，以及作家創作時的眞情。

也許，有人要質疑金錢及權力的眞實性，甚至對拳擊手伸出的拳頭嗤之以鼻，但是我們若能仔細分辨，對有錢人來說，金錢不正是他人生最眞實的東西嗎？高官一生追求的眞實目標不正是權力嗎？至於拳擊手的拳頭，不正是他生命的全部？

那麼對你來說，什麼才是你生命中最寶貴的東西？是錢？是文字？還是健康？又或是情感？

聽見作家的嘆息聲，你是否也感受到作家的眞實心聲？看見有錢人大方分享金錢，你是否也感受到富翁眞實的金錢慾望？

當作家最後領悟「人渡人」的終極目標時，我們也領悟了擺渡人分享的寓意：「渡，為了跨越到另一個境地，所以等著人渡，當船夫渡送我們來到了彼岸後，繼續往前走，我們都將發現，接下來我們也要伸出雙手去引渡另一個人，而這才是人生的真諦。」

誠摯的淚光最為閃耀動人

待人真誠，我們才能享受動人的畫面，因為溫厚的心意，我們才能嚐到生命中的幸福感受！

法國文豪羅曼羅蘭曾經寫道：「一個勇敢而率真的靈魂，能用自己的眼睛關照，用自己的心去愛，用自己的理智去判斷，不做影子，而做人。」

感動的淚光必須發自內心，因爲，要是虛情假意，人們始終都感受得到；因爲，不是發自眞心的感受，再多的淚水也不會出現亮麗光芒。

在缺乏光芒的淚水中，我們也看見，在他們心中少有生命的共鳴，當然也鮮少表現出對生命的關愛。

有個熟識高爾基的作家，曾寫了一篇關於高爾基流淚的故事，文中，作家回憶著他遇見高爾基的四次流淚的情景。

那一天，高爾基聽聞另一位作家契訶夫去世的消息後，一整天都沉默不語。直到晚上，有人在廣場上施放煙火時，他才走出門口，對玩煙火的人們說：「別放煙火，契訶夫剛剛去世了！」

當時，這位作家聽得出來，高爾基的聲音有些顫抖，當然也看見了他眼角閃爍的淚光。

再一次，是和高爾基一起看電影時。

銀幕裡，出現了一個小孩躺在鐵軌睡覺，轉換個鏡頭是一列火車正急疾馳來，忽然，鏡頭又切換至另一個畫面，有隻小狗冒死迎向火車跑去，牠想要阻止火車前進，拯救牠的小主人。

這一次，高爾基被這隻忠勇的小狗感動，淚光在黑暗中靜靜綻放著。

第三次是在斯默爾尼宮的群眾聚會上，當大會結束，全體與會者起立高唱歌曲之時，那撼動人心的宏壯歌聲，再次讓高爾基熱淚盈眶！

第四次是在彼得格勒車站裡，那天高爾基踏上火車後，站長說司機和爐工想和他見面，高爾基欣然同意：「那是我的榮幸！」

就在與四隻粗糙的手緊握之後，高爾基的眼眶再次紅了。

從高爾基的感動淚水中，我們也看見了一顆容易感動的心，如此易感的心，其實也十分容易觸動他身邊的人。

因爲，人們會忍不住跟著他的腳步，一同欣賞或感受身邊的人事物，並且會不自覺地和他一般，只要事物輕輕觸動，便會跟著墜入易感的漩渦中。

心意眞誠的人很容易被周遭的細微事物感動，因爲他們心中懷抱著善良，對生命也充滿了關愛之情。

對他們來說，萬物自然是一切的根本，他們習慣以寬闊的胸襟來付出關懷。

就像高爾基觸碰到司機手上的厚繭一般，心思細膩的他，再一次地觀察到細微的生命付出，並讓淚水傳達出他的領悟：「別小看這個粗糙的手繭，就是這個手繭，我們才能有今日的發達與便捷！」

從煙火到小狗救主的畫面，再到火車司機手上的繭，我們看見了高爾基的觀察入微，更敬佩他對人的關心、體貼與尊重，這些也是你我在人際交流時最爲重要的事。

因爲，待人接物時眞情以對，所以高爾基的淚水總是能觸動每一個人，然後我們也領悟了故事中的旨意：「待人真誠，我們才能享受如此動人的畫面，因為溫厚的心意，我們才能嚐到生命中的幸福感受！」

人生只需一個全力以赴的目標

人生難免會有許多慾望和期望，只要我們能冷靜堅持，無論多大的阻礙，生活始終都會有出口。

從許多科學家或音樂大師的故事中，我們不難發現，讓他們經常廢寢忘食的目標只有一個，那就是他們在獨一無二的工作或自己喜歡的事務上，一再地堅持：「好，還要更好！」

不求物質享受，專心致志就是成功的不二法門。

陳景潤是位著名的數學家，終日埋首於數學世界裡，幾乎廢寢忘食。他不與人交往，就連與家人之間的見面時間，竟然也有安排，像是與妻子的見面每天僅有二十分鐘，與兒子相處的時間則是一星期六十分鐘，其他關於食衣住行或家務分工或開支等事，他一概不過問。

然而，有一天，他卻心血來潮，突然對妻子說：「我幫妳買菜。」說著，便拿起了妻子手上的菜籃子，走下樓去，往附近的菜市場前進。

但是，當他來到市場後，只在攤販前轉了轉，最終卻又什麼也沒有買，因爲他的心在轉了幾轉後，又飛回到他的書房與數學程式中了。

沒想到就在他轉向準備回家時，突然忘了來時路了。

他在大街上轉了又轉，竟怎麼也找不到距離菜市場只有幾十公尺路程的家門。於是，他不得不開口問人。

然而，就在他準備開口請問時，竟連門牌號碼也想不起來了，接著竟見他逢人便問：「請問，我的家在哪兒？」

路人聽見他這麼問，都以爲他腦袋有問題，紛紛躲開了他。

這時，陳景潤又想：「咦？那我的家又是誰的家呢？」數學研究慣性的反證思考，讓陳景潤聯想到了另一種發問的方式，只見他問道：「請問，陳景潤家在哪裡？」

這時，正巧有個友人走了過來，一看見朋友竟然這麼問話，不禁笑著說：「你不就是陳景潤嗎？」

於是，這個認識陳景潤也了解陳景潤，但陳景潤對他一無所知的人，像帶著小孩似地，小心翼翼地將陳景潤安全地帶回家。

等了半天，卻不見丈夫歸來的陳妻，了解丈夫的情況後，從此再也不敢讓丈夫獨自下樓了。

從那一天起，陳景潤更深埋於他的數學王國中。有人說，他很幸運，若不是他學有專長，成就非凡，怎麼可能得到這麼多人的照顧，又如何能在複雜的社會中獨力生存？

不過，有人則反駁，鑽研於數學中的陳景潤，若不是思想單純，滿腦子除了數學還是數學外，又怎麼能幾十年如一日地在數字上鑽研，進而得到世所矚目的

「哥德巴赫猜想」，即後來人們統稱的「陳氏定理」。

生活中難免會有許多繁瑣的事，人生也難免會有許多慾望和期望，但是在這麼多的生活需求中，有多少人能讓每一項都圓滿達成呢？

故事中的重點並不要顛覆生活常識的認知，而是要提醒我們：「我的人生目標到底在哪裡？」

想有一番成就，從大數學家的突發狀況中，我們應當另有深省，深省自己目前所投注的工作或夢想，是否也像陳景潤般全心全力，廢寢忘食？

看著忽然迷路的陳景潤，再看見他靠著專業能力而找到人生的出路，我們不也得到了另一種證明，證明只要我們能冷靜堅持，無論多大的阻礙，生活始終都會有出口。

4.

生活越簡單，心靈越滿足

簡單生活，並不是要你放棄一切，
而是要我們在追逐的過程中，
誠實面對自己，認真聆聽自己的聲音，
認清自己真正想要的！

走出牢籠，才能享受生活

當你汲汲營營地追逐名利時，自然會給自己諸多規範與侷限，為了攀上成功的最高峰，慢慢失去人生的真正目的與趣味。

法國文豪羅曼．羅蘭曾說：「當幸福成為一種習慣，甚至是一種心靈負擔的時候，就不再叫做幸福。」

其實，幸福的秘訣是隨遇而安，減輕生活的期待和負擔，因爲，你的期待越大，心裡的負擔也就越大，如此一來，想要讓自己「一定要幸福」的目標，相對地也就越難到達。

生活沒有任何固定的規範或放諸四海皆準的模式，唯一要注意的是，要活得自由自在，不要陷入自己設定的囚牢裡。

第歐根尼這會兒正半裸著身體，躺在大街上，而這也常是每天早起晨跑的人們，迎面而來的第一幕街景。

當第一道曙光出現，第歐根尼的一天也開始了。他揉了揉雙眼，伸一伸懶腰，然後走到公共噴泉邊，掬起一把甘甜的泉水，醒一醒臉，接著大口咬著乞討來的麵包。

第歐根尼沒有居住的地方，也沒有工作。在這個城市中，幾乎沒有人不認識第歐根尼，也幾乎所有認識他的人，對他都感到厭惡。

人們會責問他，爲什麼不找個地方居住。

第歐根尼反駁：「你們費盡苦心找一個囚籠，把自己關起來，根本不能像我一樣，自由自在、快樂逍遙地生活。我不需把自己困在房子裡，也不需要隱匿我的生活。還有，誰說睡覺一定要睡在床上，誰說我一定要坐在椅子上？你們看，睡在地上的動物們，還不是過得健康又快樂！」

崇尚自然的第歐根尼，即使天寒也不肯穿上人們贈送的衣服，他說：「我不需要任何多餘的禦寒衣物，我只要這張毯子就夠了。」

於是，人們每天看見他，早上時「披著」這件毯子，晚上也「蓋著」這件唯一的毯子。

有人說：「他眞是個瘋子！」

事實上，他確實是個瘋子，而且是個博學多聞的瘋子。

第歐根尼是位著名的哲學家，喜歡透過戲劇、詩歌與散文的創作來表現獨特的思想。而且，博學多聞的第歐根尼，也有一群忠貞不二的門徒，不管他流浪到什麼地方，這些崇拜者都會緊跟不捨。

這天，第歐根尼又有新的想法：「我們應該拋開那些虛僞造作的習俗，自然而然地生活；我們要擺脫那些繁文縟節，舒適自在地生活；我們要唾棄奢侈享受，簡單自然地生活。唯有如此，我們才能過著自由的生活。」

第歐根尼看著專心聆聽的人們，繼續大聲說：「富有的人啊！你以爲你擁有寬敞的房子、華麗的衣服，還有馬匹、僕人與財富嗎？錯！其實你一無所有，因爲你必須把一生所有的精力，消耗在這些物質的需求與滿足上，無法眞正自由自在地享受！」

這時，有個門徒不解地問：「是嗎？但是，每個人都渴望富有！」

第歐根尼回頭看著這個門徒，笑著說道，笑著說道：「是嗎？你看過哪個富有的人眞正暢快大笑？爲了追逐財富，他們正被它們支配著生活；爲了獲取這些虛假浮華的財物，他們正被它們奴隸著，他們不僅出賣了自己的獨立性，更出賣了自己的靈魂！」

要在那個追逐權位、富貴的年代，能夠如此無慾無求，大概只有第歐根尼一個人吧！當時是亞歷山大大帝的天下，每個人都渴望能成爲他的麾下，唯獨第歐根尼，完全不理睬這位新君主。

受教於亞里斯多德的亞歷山大，決定遵守老師的教誨，禮賢下士。他謙卑地造訪第歐根尼，希望能聆聽他的教誨。

這天，亞歷山大排場浩大地來到科林斯，當每個人都爭睹這個英雄的風采時，第歐根尼仍然一聲不吭，完全不管身邊的嘈雜，自顧自地做著手邊的事。

經過好長的一段時間後，亞歷山大先開口向他問候：「第歐根尼，你好，你需要什麼嗎？無論什麼我都可以給你，只要你開口。」

第歐根尼抬起頭，點了點頭說：「我的確需要你的幫忙，請你站到一邊去，你擋住了我的陽光！」

當第歐根尼說出此話時，現場響起一陣驚呼與嘲弄的噓聲，接著便是一陣沉默，而第歐尼根則一點也不以爲意地躺在地上，享受日光浴。

亞歷山大移動腳步之後，沉默了一會兒，準備離開前，他又回頭望了第歐根尼一眼，接著對身邊的人們說：「假如我不是亞歷山大，那麼，我一定要當第歐根尼！」

這是智者的故事，也是智者的面貌。他們的風範古今均同，他們的生活態度千年不變。更重要的是，千百年來不僅人人稱頌，也人人羨慕。

也許有人會說：「我不想當聖人，所以不必像他們一樣。」

只是，難道你不想像他們一樣自由自在地生活嗎？

在現代社會中，我們經常聽人們這麼說：「當你獲得名利的同時，也要有失去自由的心理準備。」

因爲，當你汲汲營營地追逐名利之時，自然會給自己諸多規範與侷限。爲了攀上成功的最高峰，多數人也慢慢失去人生的眞正目的與趣味。

「不爲物使，不爲物役！」這是蘇東坡先生的生活哲學，更是渴望自在生活的人唯一該奉行的座右銘。

從第歐根尼的生活哲思中，我們明白：「沒有人不需要自由，然而你必須先走出自己打造的生活牢籠，你才能獲得真正的自由！」

穩定情緒才能解決難題

失控的情緒很難想出解決方法。但與其慌張失措地陷在困擾中，何不先穩定情緒，慢慢地找出辨法呢？

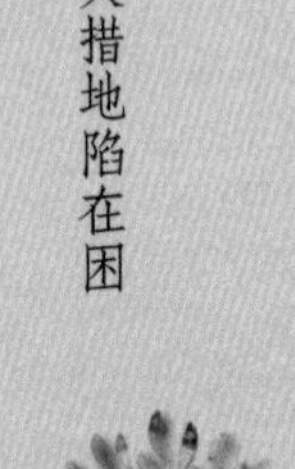

諾貝爾文學獎得主，法國文豪巴爾札克曾在他的著作裡寫道：「一個年輕人，心情冷靜下來的時候，頭腦就會變得穩重。」

性情急躁的人最常患的毛病就是情緒容易失控，一遇到不如自己心意的事情，就會心煩意亂，失去主宰自己行爲的能力。

思緒不清的結果，自然會造成沉重的心理壓力，即使是極爲單純的小事，也會被自己弄得一團糟。

想解決事情，就要先把情緒穩定下來。這樣一來，我們才不會浪費太多的時間和精力在一些芝麻綠豆的小事上，導致生活總是一事無成。

據說，在非洲草原上有一種吸血蝙蝠，體型非常瘦小，但卻是野馬們的頭號敵人。因爲，這種吸血蝙蝠是依靠其他動物們的血液維生，而野馬則是牠們最常吸血的對象。

牠們在攻擊野馬時，會緊緊地附在馬腿上，並敏銳地用鋒利的牙齒，把馬腿刺破，然後開始吸取馬血。這時，被蝙蝠刺痛的馬兒，會開始亂蹦亂跳，企圖掙脫蝙蝠的糾纏。

然而，不管野馬如何狂奔或踹動，吸血蝙蝠仍然緊緊吸附在馬腿上，而且牠們還能從容不迫地從馬腿上轉移陣地，一會兒在馬背上吸血，一會兒又落到馬頭上，直到吸飽爲止，吸血蝙蝠才會自動離開野馬。

不過，就在蝙蝠吸飽了之後，野馬也已經斷了氣。

動物學家們發現這個現象，開始研究這種可怕的吸血蝙蝠，有了重大發現。

他們發現，吸血蝙蝠所吸取的血量，對馬兒來說根本微不足道，那就好像是人類擦傷時流出的微量血液，一點也不會失血過多而死，但是爲什麼這些馬兒一遇見蝙蝠便會死亡呢？

動物學家們蹲了一天，終於把死因解開了。

原來，當蝙蝠一附在馬兒的身上時，野馬便會開始狂奔，情緒也變得相當暴躁。牠們在草地上瘋狂地東奔西跑，還經常不小心撞上樹腰，或是誤踩陷阱。除非蝙蝠離開身體，馬兒才會平靜下來。

於是，在蝙蝠離開馬身之前，馬兒早已經耗盡精力。即使身上只有一隻小小的吸血蝙蝠，也會讓牠從此倒地不起。

對照動物們的現象，你是否也驚訝於生命的雷同？

在人類世界中不也如此，有人一遇到問題，即使是件雞毛蒜皮的小事，不也可以讓他捉狂而無法克服解決嗎？

也許，有人要說：「因爲無力解決！」

但是，眞的無力解決嗎？還是你根本連想都沒有想呢？

天下沒有解決不了的事情，然而許多人就像故事中的馬兒一樣，一遇到麻煩，情緒就失控，更別提冷靜思考了。

當然，失控的情緒很難想出解決方法。但與其慌張失措地陷在困擾中，何不先穩定情緒，慢慢地找出辦法呢？

下一次，「蝙蝠」再偷偷地吸附在你身上時，請先安定情緒。說不定你就能想出，讓蝙蝠與自己和平共處、相互依存的方法喔！

生活越簡單，心靈越滿足

簡單生活，並不是要你放棄一切，而是要我們在追逐的過程中，誠實面對自己，認真聆聽自己的聲音，認清自己真正想要的！

簡單生活是一個基本概念，也是一種新的生活趨勢。

當人們無法從物質上獲得滿足時，他們將回溯生命的初衷，尋求單純的生命意義，並找到快樂的真正源頭。

也許，你現在已經名利雙收，然而面對眼前擁有的這一切，你的心中又有多少踏實的感覺呢？

生活管理作家理查德曾說：「我們都需要簡單的生活。」

簡單的生活讓理查德減少許多沒必要的負擔，至於如何開始過簡單的生活，他回憶說：「是從我搬進新的辦公室那年開始的……」

幾年前，理查德搬到一間新辦公室，這裡的租金比舊的便宜，雖然空間小了些，但是他說：「空間小，又不會影響公司的發展！」

其實，自從換了新辦公室，他不僅減輕了財務負擔，還縮短了通勤的時間與交通費。以時間來說，過去上班的時間要花半個小時，如今只要十分鐘就能到達公司。一年下來讓他省了將近一百二十個鐘頭，也讓他更能充分運用時間，抓住更多商機。

曾經有朋友嘲諷地批評：「理查德，這麼小的辦公室一點也不夠氣派，怎麼能襯托出大老闆的氣勢？」

他不以爲然地對著朋友說：「氣派？那對我一點幫助也沒有啊！」

當然，並不是每個人都能像理查德，願意放棄虛榮的包裝，捨棄華而不實的外表，並找回自然的自己，活得更加自在。

每個人都知道，簡單一點思考，簡單一點生活，日子自然快樂、順暢。

只是，每個人也都習慣將這些法則遺忘，寧願追逐複雜的生活，斤斤計較每一個細節，最終讓自己在複雜的生活中，空虛苦悶地度過。

選擇簡單的生活，不是非得以地爲床，更不需要以天爲被，而是當我們準備買下豪宅前，先思考一下：「只有兩個人而已，有必要選擇幾百坪的房屋，來增加自己的孤獨感嗎？」

又或是，在我們準備買下百萬名車前，先想想：「有必要買下如此昂貴的車，讓自己每天都過得提心吊膽嗎？」

簡單生活，並不是要你放棄一切，而是要我們在追逐的過程中，誠實面對自己，認眞聆聽自己的聲音，也唯有如此，我們才能保持單純的赤子之心，並認清自己眞正想要的！

減輕負擔，才有全新的空間

隨時騰出時間，清一清累積在你我口袋裡那些加重身體負擔的垃圾，好讓我們能輕鬆自在地展現美麗的身段。

作家柯維曾經這麼說：「每個人隨時都要清理淘汰不必要的東西，如此，日後才不會出現沉重的負擔。」

一定有很多人受不了充滿負擔的生活，然而，唯一能解開束縛的人，似乎也只有我們自己！

理查·賴德在《重整行囊》文中，談及過去經歷的一件趣事。

有一年，他和一群好友來到東非探險。理查在行囊中塞滿食物、切割工具、替換衣物、指南針、觀星儀與護理藥品……等等。他仔細檢查背包裡的所有物件之後，便背起大包包，吃力地大喊：「我準備好了。」

不過，眼前的土著導遊見狀，卻突然問了他一句：「這些東西讓你感到快樂嗎？」

理查聽見導遊這麼問，一時間楞住了，因爲這是他從未想過的問題。

理查呆呆地看著行囊，反問自己：「快樂？」

他重新檢視包包裡的所有物件，並且有了新的發現，原來有許多東西根本是不需要的。更何況，他要走那麼遠的路，背著如此沉重的負擔，即使現在很快樂，恐怕下一秒他就笑不出來了。

於是，理查重新整理他的行囊，拿出許多不必要的物件。當他再次背起行囊時，包包居然變得相當輕，這時他輕鬆地朗聲道：「我們出發吧！」

理查在書中說：「那趟完全沒有束縛的旅行，讓我玩得相當愉快。而且我也領悟到一件事，那就是不要給生命太多的東西，一切順其自然，因為越簡單，我們的潛能越能發揮出來。」

從此，每當理查在分享他的生活時，總會以這麼一句話作結語：「在人生的各個階段中要定期地解開行囊，並清理出不必要的自我束縛。」

人生何嘗不是如此，在成長前進的路途上，我們會不斷有許多「累積」的動作，在其中，我們會不自覺地塞滿太多雜物，像是束縛、壓力、煩惱，或是不愉快過往……等等。

這些本來可以放下的事物，總是苦惱著我們大半人生。

「丟掉舊的自己，迎接全新的自我」，那種感覺就像大掃除後，換得全新生活空間時的暢快。

所以，隨時騰出時間，清一清累積在你我口袋裡那些加重身體負擔的垃圾，好讓我們能輕鬆自在地展現美麗的身段。

減少應酬，掌握自己的生活

試著推掉不必要的應酬，你才能減少不必要的壓力。學會拒絕，我們才能擁有自己的時間，去做自己真正想做的事。

每個人都需要擁有自己的時間，即使只有一分鐘的獨處，聰明的人也都會努力爭取、善加利用。

休息時就別再想著工作上的事，既然下班了，對於那些不必要的應酬，你絕對有權說「不」。

彼得是一位成功的經理，具備領導才華的他，個性也相當開朗隨和。不過，他卻有個很嚴重的缺點，那就是每當在處理社交事務時，總是猶豫不決，無法果斷下決定。例如，有人向他發出邀請函請帖，即使不想去，他也不知道如何拒絕。

面對天天必須參加的應酬，彼得越來越不快樂，經常抱怨著：「唉！我爲什麼不能掌握自己的生活呢？」

有天，他又接到邀請電話，對方希望他晚上能出席宴會。

好不容易能休假與兒子一起閱讀兒童書的他，實在不想再去應付那些應酬了，但又擔心：「如果，我就這麼回絕他，未免太不禮貌了，該怎麼辦才好呢？」

這時，他的兒子說：「爸爸，我肚子好餓喔！」

彼得看著兒子，轉念間想到了一個方法，於是他播了電話給對方：「不好意思，我今天人不太舒服，今晚的聚會我無法出席了！」

對方體諒地說：「還好吧？那您好好地休息，我會轉告大家的！」

就這樣，彼得終於可以自在地待在家中，與一家人快樂地吃頓晚餐了。後來，彼得把拒絕邀請的理由寫在紙上，並列成清單放在電話機旁，每當接到他不喜歡的邀請時，他便會選擇其中一項合適的理由，委婉地回絕。

雖然，這讓他減少了許多社交活動，但是他卻一點也不遺憾，他說：「少了那些無謂的應酬，反而讓我有更多的時間，做自己想做的事，生活反而增添不少樂趣呢！」

你總是不知道要如何說「不」嗎？

在《我拒絕，我有罪惡感》一書中，有這麼一段：「你可以用一些技巧，減少你的承諾，然後，你會擁有更多自己的時間。」

休息時就別再想著工作上的事，既然下班了，對於那些不必要的應酬，你絕對有權說「不」。唯有給自己一個充分的休息與喘息的時間，明天我們才能表現得更出色。試著推掉不必要的應酬，你才能減少不必要的壓力。學會拒絕，我們才能擁有自己的時間，去做自己真正想做的事。

簡化自己的生活空間

我們不必羨慕別人的寬敞豪宅，只要我們規劃得宜，即使只是一方天地，也能成為舒適宜人的小豪宅。

沒有人不喜歡大空間，然而，當我們左側放一組豪華音響，右邊放一組高級電腦，即使十坪大的房間，也可能會被壓縮得只剩一坪的活動空間。

不想老是生活在壓力中，有空就清一清周遭混亂的房間吧！只要多騰出一點位置，生命活力自然重新湧現，日子還能過得更自在。

播音員克里斯之前居住的地方，是一個兩房的公寓。許多人都認爲，這對單身的克里斯來說，應該是個寬敞而舒適的居住所在。

不過，實際情況並非如此。起初，克里斯也認爲他的居住空間很大，於是便在屋子裡塞滿各式各樣的東西，像是家庭用品、家具、書籍、雜誌、電腦、音響……等等，甚至是花草盆栽。

他的房間裡有一個很不錯的落地窗，原本應該是一個視野寬廣的地方，卻在克里斯的「規劃」下，成了另一個堆積雜物的場所。

不久，克里斯決定搬到更大一點的地方居住，連續幾天他都忙碌地整理、打包，也先搬出許多東西到新的居所。

終於，他準備告別這個舊公寓了，然而就在這時，他才注意到，長期以來都是零亂不堪的地方，居然如此寬敞。同時他這時也才發現，原來落地窗外的景緻如此美麗。

此刻他也才領悟到，那些滿堆的物件竟是生活的額外負擔，而且有許多東西根本是不需要的。只要他開始居住時，讓生活的空間簡單一點，他便能享受到人人渴望的「大空間」。

於是，克里斯又搬回舊公寓，因爲這樣的空間對他來說已經足夠了。從今以後，他唯一要做的是，隨時清理掉生活中不需要的東西，並學會克制購物時的衝動，以免買下非必要的物品，增加生活空間的負擔。

此外，克里斯還會不定時整埋居住環境，讓自己隨時都能生活在寬敞舒適的空間中。更重要的是，每當他清理完畢，新騰出的空間總是會帶給他新的能量與活力呢！

面對窄小的空間，相信許多人都會感到不適。但是，再仔細看一看你的房間，是否眞的坪數太小，讓你沒地方伸展呢？還是你也像克里斯一樣，不自覺地把大空間堆成了小空間呢？

偶爾抽個空，整理整理你的小豬窩吧！不必羡慕別人的寬敞豪宅，只要規劃得宜，即使只是一方天地，也能成爲舒適宜人的小豪宅。

把握心中的快樂天堂

別那麼悲觀地看待生活，也不必老是要跟別人比較。每個人都有自己的生活，你可以開心地笑，又何必悲傷地哭泣呢？

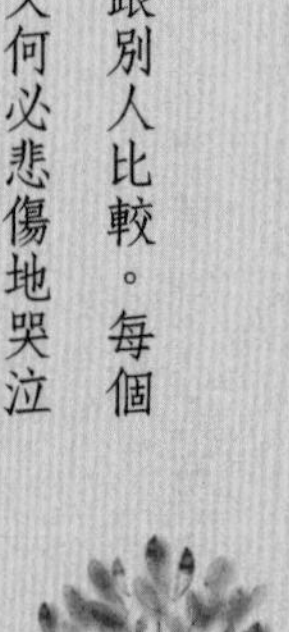

心理學家馬修．傑波曾說：「純粹的快樂才是真正的快樂。因為，真正的快樂是發自內心，不受外在事物影響，也唯有如此，你的舉動、思想與態度才會是最真實的。」

日常生活中的不快樂原因，我們可以推卸給別人，也可以責怪大環境所造成，但是不管我們怎麼推託，日子並不會因此而快樂起來！

面對小煩惱或小挫折，現代人習慣用情緒來宣洩，但是，宣洩過了問題仍然存在。當生活中堆滿了這些不悅或不滿的情緒，日子想快樂起來，恐怕不是件容易的事。

這天，蘇菲滿臉苦悶地回到家，家人還來不及提出疑問，她便急著說：「好煩哦！煩死人了，爲什麼別人可以那麼快樂，我卻老是笑不出來？」

媽媽看著剛剛成爲職場新鮮人的蘇菲，知道她又想發牢騷了，便順著她的「煩惱」問道：「什麼事那麼煩呢？」

蘇菲看著媽媽，嘟起嘴巴說：「媽咪啊！瑪姬她爲什麼那麼幸福？妳知道嗎？我今天下班後跟她一起去逛街，她居然可以毫不考慮地買了一件六百多美元的洋裝。」

媽媽不解地問：「她買洋裝，跟妳快不快樂有什麼關連？」

蘇菲看著不懂女兒心的媽媽，口氣不佳地回答：「六百元的洋裝耶，我連一百元都買不起！」

媽媽這會兒才明白女兒的問題，於是說：「妳昨天不是也花了半個月的薪水，買了一串價值一千多元的項鍊嗎？」

蘇菲聽見媽媽這麼質問，這才小聲地反駁：「那又不一樣！」

你們認爲那裡不一樣呢？

許多人的不快樂理由就像蘇菲一樣，因爲別人的物質享受比自己好，或是爲了無謂的物質比較而煩心，而活在「比上不足」的生活衝擊中，不快樂似乎也是他們自己找來的。

把心打開，減輕自己的心理負擔，這正是讓自己快樂的唯一解方，就像明明今天決定要出外踏青，天空卻下起了雨，這時候的你，要用什麼樣的心情來面對突如其來的小雨滴呢？

別急著像煩躁憂悶的人一樣大罵：「連老天爺都要跟我作對！」

你可以向懂得快樂生活的人學習，因爲他們會這麼說：「咦？下雨了耶，說不定等一會兒我們可以看見彩虹喔！」

蕭伯納曾說：「如果覺得自己可憐，你的日子將一直可憐下去。」

所以，別那麼悲觀地看待生活，也不必老是要跟別人比較。每個人都有自己的生活，沒有人會與你一模一樣。更重要的是，你可以開心地笑，又何必悲傷地哭泣呢？

現在，不妨對著鏡子裡的自己，獻出一個甜美的微笑。懂得眞正快樂的人，即使只是看見鏡子裡的一抹微笑，也能快樂一整天。

讓惱人的意外變成生活的驚喜

不管是停電或停水，甚至是工作中的緊急狀況，抱怨或逃避，對已經發生的事實，一點助益也沒有，何不換個角度看事情呢？

生活中會有許多突發狀況，不要把它當成痛苦的折磨，只要我們懂得運用、轉化，它們就會是生活中的意外驚喜！

「意料之外」是生活中必備的插曲，旋律是否悅耳，不在於音符的本身，而是取決於譜曲的人，也就是接收到小狀況的你，如何譜出這一段小插曲，是讓意外變得惱人，還是把意外轉變爲驚喜！

「又停電了！眞是討厭，電力公司在搞什麼鬼？老是說停就停，實在令人火大！」無預警停電的時候，我們經常聽到有人怒氣騰騰地大叫著。

很多人都習慣文明帶來的便利，一旦遇到停電或缺水的情況，即使只有一分鐘也抱怨不已，任由時間白白消逝，因爲他們只顧著讓自己的情緒高漲或慌張失措地面對黑暗，而不去思考如何解決問題。

只是，晚一分鐘上網不行嗎？

少看一分鐘的電視很痛苦嗎？

少吹一分鐘的冷氣就受不了了嗎？

當生活從享受便利，轉變成依賴便利時，我們也慢慢失去某些自然界賦予的生命本能和禮物，像是會依氣候變化而調節體溫的能力，像是必須在無光害下才能看見的滿天星斗。

停電時，你會怎麼度過這段時間呢？

你可以放下手邊永遠做不完的工作，來到窗口，享受自然的涼風吹拂；也可以全家聚集在客廳，點盞燭燈，聆聽孩子們學琴的成果；更可以走出大門，在月光的陪伴下，一家人享受難得的散步時光。

停電的時候，你可以安慰自己：「只有在這個時候，我們才能看見如此耀眼的星星。你看，星光把夜空織成了美麗的綢緞，而月亮正是綢緞上最出色的別針，這一切只有在停電的時刻，才能看見它們的美麗，也只有在這樣的黑暗中，我們才能感受到星月的溫暖和明亮。」

停電的時候，你會出現暴躁的情緒，還是採取隨喜的生活態度？

不管是停電或停水，甚至是工作中的緊急狀況，有人選擇抱怨，也有人選擇逃避。然而，不管是抱怨或逃避，對已經發生的事實，一點助益也沒有。既然無益身心，我們何不換個角度看事情呢？

停電之時，我們何不走出戶外，享受一下自然風。說不定你還會聞到夜來香的氣味，那是在冷氣房裡所享受不到的自然風味。

擔心工作做不完嗎？

誰說一定要在日光燈的關照下，才能把工作完成？

伴著月光，創意和靈感說不定更能盡情揮灑！

在有限的生命中，人應該發揮無限的生命潛能，從最簡單的生活中享受人與人、人與天地萬物之間的情誼，讓彼此的心靈相互融洽；生活過得越簡單，就越能發現隱藏在生命中的種種歡愉，細細品嚐、珍惜生活周遭的各種情趣。

5.

快樂工作是醫治病痛的良藥

不妨先放下手上的工作，
仔細想想你要的是什麼，
只要你一想通了就別再猶豫。

真正的完美必須完整

學會犧牲，為多數人爭取利益，然後我們必定能發現，當大家願意利益均享時，我們所得到的好處更甚於單打獨鬥。

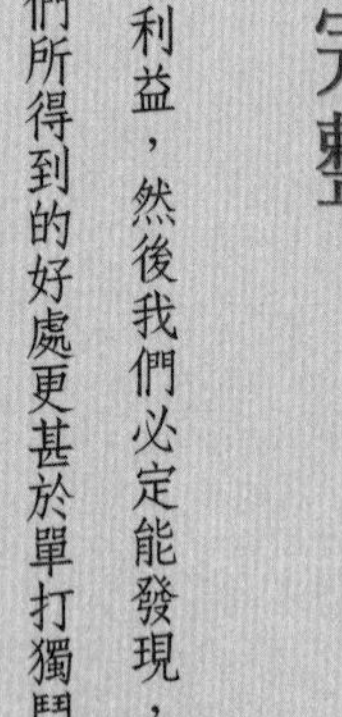

從藝術的眼光，我們可以這麼說，爲大多數的人爭取利益，反而更能獲得完整的利益，因爲全體可以代表個體，但個體卻不能代表全體。

換句話說，不強調突出個人，能執著於追求完整的人才能不斷進步，並成就眞正的完美與成功。

在巴黎市中心的一個交叉口上，有座法國文豪巴爾札克紀念碑的塑像，這座塑像上的巴爾札克正昂著頭、披散著髮，並以嘲笑和蔑視的目光注視著眼前的花花世界。

但是，這座莊嚴的塑像卻沒有雙手！

原來，這是雕塑家羅丹的作品，他爲了表現出《人間喜劇》的思想情感，爲了表達出巴爾札克的內心全貌，極其認眞地投入巴爾札克的世界。

塑像進行之前，委託者要求他必須在十八個月內完成，並給了他一萬法郎的定金，但是爲了爭取更多的時間製作，他退回了定金，請求委託者再多給他一些創作時間。

雖然羅丹創作十分嚴謹，但是並不是個閉門造車的人，喜歡聆聽別人意見的他，經常在作品告一段時請朋友們來欣賞作品，並請他們提供意見。

這天深夜，羅丹終於將巴爾札克的塑像完成了，正獨自一人欣賞著這件曠日廢時的精心之作。

只見羅丹十分滿意地看著雙手疊合在胸前的巴爾札克，不久之後，忽然他跳了起來，迫不急待地叫醒一名學生：「馬克，雕像已經完成了，你快來看看有什麼感覺？」

從睡夢中被喚醒的馬克揉了揉惺忪的雙眼，接著便仔細地看著巴爾札克，忽然間他眼之一亮，帶點激動地說：「老師，這實在太美了，我從來沒有見過如此生動的手啊！」

這是一句讚美的話沒錯，但是羅丹聽見這句話後的反應卻十分不自然，匆匆地跑出了工作室，又拖來了另兩名學生。

其中一位的讚美更誇張了：「這是一雙只有上帝才能創造出來的手，他們簡直像真的一樣！」

羅丹一聽，臉拉得更沉了，似乎很不滿意這個答案，這會兒他認真地看著另一位即將開口的學生。

「老師，你塑造出來的這雙手已足以讓您名傳千古了！」

羅丹聽見這個學生的讚美後，突然十分激動，只見他在屋內走來走去，反覆地看著這尊雕像。

就在這個時候，他突然拿起了一把榔頭，狠狠地朝著那雙舉世無雙的完美之手敲了下去。

學生們被老師這個突如其來的舉動嚇到了，一時間全都呆住了，不知道要怎麼反應。

過了一會兒，才有學生開口問：「老師，您……」

只見羅丹微笑地說：「孩子們，這雙手很突出不是嗎？它們已經有了自己的生命，不屬於這座雕像的一部份了！」

孩子們似乎還未聽懂，只見羅丹繼續說：「你們要記住，一件眞正完美的藝術品，只要任何部位一拆開，永遠都比不上整體的美。」

爲什麼缺了雙手的巴爾札克雕像，在羅丹的眼中才是最完美的？完美的標準到底在哪裡？

完整，是指不突出任何單一部位；換句話說，當個人的成功不代表群體成就的時候，這樣的成功便不算成功，充其量只不過是個人表現罷了。

所以，成全完整是羅丹的完美標準，為了不讓雕像上的雙手成了雕像的唯一焦點，他寧願犧牲個體，成全雕像的整體美。

看著完美雙手的破碎，我們更加明白了藝術大師塑像的眞正目標：「我要的完美包含完整！」

這個寓意深刻的故事告訴我們，不必著急於獲取個人利益。學會犧牲，為多數人爭取利益，然後必定能發現，當大家願意利益均享時，我們得到的好處更甚於單打獨鬥。

快樂工作是醫治病痛的良藥

不妨先放下手上的工作，仔細想想你要的是什麼，只要你一想通了就別再猶豫。

俄國作家車爾尼雪夫斯基曾說：「一切真正美好的東西，都是從奮鬥犧牲中獲得的，而美好的將來也要以同樣的方法來獲取。」

正在工作的你，有沒有一種充實快樂的感覺呢？

忙於工作的你，是不是充滿了煩躁的情緒呢？

不管你現在被哪一種情緒所佔據，先聽聽文學家果戈里怎麼說：「工作是醫治我病痛的重要良方，更是我快樂地享受人生的唯一方法。」

果戈里是俄國著名的劇作家，成名之前，爲了從事最愛的文學創作，他曾經寫了封信給母親。

他在信中如此寫道：「看在上帝的面子上，請母親您爲我高興吧！這份工作對我來說，是醫治一切病痛最有效，也是唯一的特效藥。在這個自然、安靜且從容的工作氣氛中，我將找到快樂的泉源！」

母親看見兒子的這封信時，知道無法改變孩子的想法，只得答應他繼續實現他的夢想，因爲對她來說：「只要看見他快樂就好！」

勤奮的果戈里爲了督促自己，堅持每天都練習寫作，他說：「作家和畫家一樣，都要隨時帶著筆和紙，因爲一個畫家如果虛度了一天，沒有畫下任何一張草稿，那麼他的筆終有一天要變鈍。」

「一個作家，如果一天沒有思考，並且未寫下任何一段文字，那麼他也同樣虛度了一天，也將失去了創作的動力。」果戈里堅定地說。

曾有後進感到懷疑，問他：「如果，連一個字也想不出來的時候該怎辦？」

果戈里笑著說：「沒關係，你只要拿起筆，把『今天我不知道要寫什麼』一遍一遍地寫下去，一直寫到你覺得厭煩時，你自然就會想創作了。」

果戈里的一生充滿孜孜不倦的工作熱情。

因爲他知道自己想要什麼，也因爲他知道自己在做什麼，所以滿腔熱情地投入工作對他來說，不僅是人生的全部，也是他享受生活的重要方式，以及維持生命的重要補給。

看著果戈里快樂的工作，相信在許多人的臉上充滿了羨慕的神情吧！

那麼，你爲什麼不快樂？

有人因爲眼前的工作不是自己想要的，有人則因爲每天抱著錯誤的態度工作，所以快樂不起來，是吧？

如果是因爲選錯了目標，那麼不妨先放下手上的工作，仔細想想你要的是什麼。只要想通了，就別再遲疑猶豫，要像果戈里一般，積極地爭取你想要的。

如果是因爲態度錯誤，那麼現在你也要先放下手上的工作，仔細想想，爲什麼別人可以快樂地工作而你卻不能。

只要能找出問題所在，並重新調整好你的工作態度，你就能像果戈里一般，充分地享受工作的樂趣。

用心感受，便能聽見幸福的聲音

用心地感受生活每一個時刻，無論面對著什麼樣的現實，始終只看得見人生的幸福面。

哲學家歐里庇得斯曾說：「一天一天地活下去，不要求更多的東西，從而得到生活的樸素精髓，這樣的人最快樂。」

用心生活，學會知足，然後我們便能得輕易地獲得滿足。滿足讓我們懂得珍惜，學會了珍惜，我們便能掌控自己的心情，隨時享受到生活的幸福。

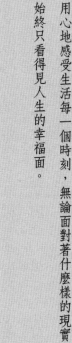

在鄉下，有一對相依爲命的夫妻，妻子是個聾人，無法工作賺取生活費，家裡的收入全靠丈夫。

丈夫經常要輪班，下班時間無法像別人那樣固定，有時是凌晨時分，有時則是深夜時刻；當先生回到家時，妻子經常是熟睡的，再加上聽不見的耳朵，無論先生怎麼呼喊或敲門，妻子也不知道要幫他開門。

於是，他們兩個人想出了一個方法。

每天晚上睡前，妻子都會將一條細繩子綁在手腕上，繩子的另一頭則讓它垂到窗口外，如此一來，不管丈夫多晚回家，只要在窗口輕輕地拉一拉繩子，妻子便會醒來爲他開門。

這個像是按門鈴的溝通方式，很快地成了他們生活的一部份。

然而，再好的點子也會有缺點。因爲，這個秘密的溝通方式被頑皮的孩子們發現了，只要他們發現她的丈夫還未回來，那麼他們深夜一到，就會來到窗口，故意地拉扯那條等待丈夫回家的繩子，爲此婦人也醒來了一次又一次。

原本孩子們還以爲婦人會因此而大怒，但婦人卻因爲了這個惡作劇重溫了青春時期的幸福感受。

因爲，每當孩子們在夜裡將她喚醒時，她發現：「沒想到在這不同時刻裡的夜，竟然有那麼多的變化，我好像又聽見了青春時期的風聲夜語。」

婦人一次又一次地醒來，也一次又一次地迎接了和風與月光，雖然有時會被忽然落下的大雨打溼，但是她總是微笑迎接。因爲在這個時候，她再次地憶起了：「嗯，在那年這樣的風景裡，應該是那樣的聲音！」

因爲耳朵聾了，婦人與丈夫之間的溝通多了一條線，那不是拉扯而是牽繫，雖然被頑皮的孩子們拿來開玩笑，但是卻一點也無損於婦人的知足。

因爲，每一次線拉都充滿了甜蜜的期待，無論是迎接丈夫的夜歸，還是在細雨紛飛或夜風吹拂下的回味，對她來說，每一次線拉都是幸福的打擾。

在微風的吹拂下，你有什麼感受？

是像故事中的婦人一般憶起往日的幸福滋味，還是囚困於眼前的失意，忘了曾有過的幸福味道？

回到故事中，我們也看見了婦人享受幸福的方式，因爲聽不見，所以她永遠也聽不見孩子們的嘲笑聲，更聽不見人們的是是非非；因爲聽不見，讓她更用心地感受生活每一個時刻。儘管眼前面臨著許多困境，但是她並不苦惱，反而能用更開闊的心情去面對。所以，無論面對著什麼樣的現實，她始終只看得見人生的幸福面。

那麼，比婦人擁有還多、身體更健全的我們，爲什麼不能學學婦人，隨時拋開生活的不如意呢？

幸福要靠我們自己找尋，只要能用心體會，保持好心情，我們隨時隨地都能聽見幸福的聲音！

精益求精，讓未來更加堅實

不論我們在什麼樣的領域中實現理想，根基一定要踏實，而且還要對自己所踏出的每一個步伐負責。

作家薩帕林娜提醒我們：「只有不斷地追求探索，永遠不滿足於已經取得的成績的人，生活才是美好的，有價值的。」

人生不是追求吃喝玩樂的過程，而是自我價值的不斷提昇。如果我們不懂得在自己專精的領域精益求精，而沉迷於物質層次的享樂，那麼生活就會變成沉重的負擔。

做自己想做的事，我們更要堅持精益求精，因爲精益求精不僅能讓夢想更加堅實，還是我們成就完美人生的重要方法。

生活十分清苦的傑克．倫敦，經常連寄送稿件的郵票錢都湊不出來。雖然生活辛苦，但他仍然堅持自己的理想。爲了不讓夢想消失，他每天都努力地一字一句撰寫草稿。

他經常這麼告訴自己：「傑克，你絕不能放棄，絕對不能馬虎，你一定要對自己的未來負責！」

一天要寫一千多字的他，一個星期便安排了六天的時間在堆砌文字，留下來的一天，則是安排出外打工，賺取基本生活費用。雖然一天只有一千字，但是這一千字卻經常讓他茶飯不思，甚至還曾用了近二十個鐘頭的時間來孕育靈感。

所以，每當將進度完成時，他總是激動地說：「花再多的時間也值得，因爲這才是我想要的！」

曾經有個朋友不以爲然地問他：「你爲什麼要這麼辛苦地賺錢？每天交稿的

字數那麼少怎麼行？其實你名聲那麼響亮，不論文章如何都一定會被刊登，每天再多寫幾千個字嘛！反正他們一定能接受，這樣一來你不就能多賺點稿費了嗎？」

傑克．倫敦一聽，很不高興地說：「不行，如果我只想著多賺點錢，就一定寫不出好東西。你要知道，好的作品不是隨隨便便就能從墨水瓶中流出來，好作品就像砌一面牆一樣，每塊磚都必須嚴選一番，如此才能建造出富麗且風雨不搖的房舍啊！」

《在與思想家對話》書中，有一段關於好文章的定義：「好的文章可以簡練到每個詞都能加重語氣！」

要如何達到這樣的境界？我們將目光回到傑克的身上，聽聽傑克．倫敦的創作堅持，然後我們便會知道好文章之所以吸引人的原因。

從他的文字堅持中，你是否也看見了他的成功技巧？

方法無他，凡事精益求精就對了，因爲不論我們在什麼樣的領域中實現理想，根基一定要踏實，而且還要對自己所踏出的每一個步伐負責，一如傑克．倫敦在故事中給自己的勉勵：「要對自己的未來負責！」

因爲堅持負責，也因爲背負使命，所以他每次完成作品後，都要被自己筆下每一個充滿生命的文字感動。

換個角度，我們轉頭看看自己一路走來累積的，面對那些已經完成的事，在你心中是否也充滿了成就感？

投機取巧往往害人也害己

以阻斷別人財富的方式來成全自己，不僅有損於商業競爭的公正性，一旦事跡敗露，還會讓自己失去所有的機會。

競爭要講求正道，不能一味地只想投機取巧。其實，追求財富有許多方法，第一條路不通，再找第二條路，只要我們不輕易放棄，一定能找到累積財富的正確方法。

嵐山是京都非常著名的一個旅遊景點，在百花齊放的春分期間，居住在京都的有錢夫人或小姐們都會身著華服，來到這個山林中賞花。

這天，有個氣質優雅的女孩向一位農夫要求：「對不起，我能不能向您借用一下洗手間？」

農夫田中客氣地帶著女孩，朝向簡陋的廁所走去。

但是，當女孩一到廁所門口，臉上立即表現出難爲的表情，因爲這間廁所實在很髒。只見女孩紅著臉，微微地說了聲「謝謝」，接著便勉強地走進這間又舊又髒的小茅廁。

農夫看見這個情況，心頭忽然一震，便想出了一個點子。不久農夫就在廁所門口貼了一張告示：「借用一次三文錢。」

從此每到遊客如織的賞花季節，農夫出租廁所賺取的收入，竟比他當季的農作收入來得高。雖然他的管理情況很差，但因爲是獨佔性市場，因此遊客們也只好忍臭如廁了。

松島先生發現農夫竟然以出借廁所致富，十分不以爲然，憤憤不平地對妻子說道：「那個田中竟然一轉眼就賺了那麼多錢，今年春季來臨前，我們也來蓋一間廁所出租，而且要賺得比田中多！」

但是，妻子卻反對：「我們蓋了座新的廁所又如何？人家田中的廁所已經是老字號了，會去那裡的客人們都是些老主顧，我們很難搶啦！」

「哼，誰說我們搶不到田中的客人！妳看，田中那個廁所，又骯髒又臭又簡陋，要不是他獨佔市場，我想客人們也不願意到他那兒了。我已經想好了新廁所的藍圖，我要蓋間和式的高級廁所，建材要用杉木，天花板則用可以除臭的香蒲草……」

松島先生滔滔不絕地說著，妻子卻越聽越遲疑地看著丈夫，當松島先生說完時，妻子便問：「那麼你要租多少錢？」

當下松島先生並沒有立即回答妻子的疑問，直到廁所修建好了之後，他便將廁所的告示牌擺放到入口處：「租用廁所八文錢！」

「一次八文錢？」

許多仕女們只看見這個告示牌便止步了，這時妻子走進了廁所，伸手敲了敲杉木柱子，接著有些埋怨地說：「你看，花了那麼多錢，結果呢？」

松島先生有些惱怒：「別嘮叨啦！明天我到處走一走，保證上門如廁的人會讓妳接應不暇。」

第二天，松島先生比平時都晚起，約莫十點鐘才出門。

他將飯盒掛在胸前，臉上竟出現了誓死如歸的精神，妻子一看，心想：「他到底想做什麼？」

這時，松島先生忽然轉身對妻子說：「孩子他娘，妳老是說我這輩子一點出息也沒有，我今天就要讓妳看看我的本領，今天只要我到旅客群中走一走，保證讓妳得忙的團團轉，記得啊！糞缸滿時，妳可以掛個暫停使用牌，請那個田中先生來幫幫妳啊！」

不久，有個女孩走了進來，接著往錢箱裡投入了八文錢，妻子吃驚地看著女孩：「我的丈夫什麼時候變成神仙啦？竟然有預知的能力？」

女孩走了之後，又走進了一對情侶，從那一刻起，松島太太每隔一個小時，便得暫停與清理廁所一次。直到傍晚，松島太太終於有時間休息了，接著她開始點算今天的收入：「竟然賺了八貫啊！平時我們連二貫錢都賺不到呢！沒想到老頭子的點子眞的實現了！」

開心的妻子立即出門買了好些酒菜，耐心地等著辛苦出去拉客人的松島先生回家。忽然，門外傳來人聲：「松島太太在嗎？」

松島太太一聽是田中先生，立即開門回應：「什麼事，田中先生？」

但是未等田中先生回答，松島太太便驚呼出聲：「我丈夫怎麼了？」

「他可能待在田中先生家的廁所太久了，被臭氣薰死了！」另一個幫忙抬松島先生回來的鄰居說。

原來，松島先生出門後便直接到田中先生家的廁所，丟了三文錢後，就一直待在裡頭不肯出來。

每當有人推門或敲門時，他便會咳個兩三聲，讓人們知道裡面還有人，到後來他連聲音都咳啞了。

傍晚時，田中先生發現廁所仍然鎖著，但敲門卻沒有回應，這才覺得有異狀，等撞破門時，便看見松島先生躺在廁所裡了。

看完這個日本作家川端康成所寫的灰色喜劇般的故事，相信在發出對主角的訕笑中，我們心中都出現了這樣一個反省：「爲了賺錢而用盡心機，最終還喪送了自己的性命，實在太笨了！」

回到現實生活中，相同的戲碼不也經常發生在我們身邊嗎？爲了金錢財富而投機取巧的人不也處處可見？爲了財富而走偏路的人不也屢見不鮮？

人生的機會很多，不要像松島先生一般，以阻斷別人財富的方式來成全自己，因爲，那不僅有損於商業競爭的公正性，一旦事跡敗露，還會讓自己失去所有的機會。

再跨一步，你就能看見新視野

不管眼前景況如何，都不是人生的盡頭，只要你不放棄自己，積極前進，再跨一步就一定能看見全新的人生視野。

感情遭遇挫折，往往會讓人的心情陰鬱晦澀，舉目所見盡是死灰慘白。其實，大多數人都曾情場失意過，傷心難過自然難免，但卻不能放任自己就此一蹶不振。

失戀的時候，不妨仔細品味一位奧運射箭金牌選手說過的話語：「不要留戀射出去的箭。」

展現精采人生的機會何其多，何必執著於失意的時刻？

人生的步伐不是只有三兩步，前進時如果出現了阻礙，我們還可以大步跨越。

別再停滯於當下的挫折，因爲失意的步伐其實只有一步，只是用來考驗一個人的堅強與勇氣。

只要能積極地跨出新的步伐，我們的人生除了快意之外，還有快樂。

阿民失戀了，情緒低落的他竟心生自殺念頭。

「叮咚！」阿民打開門一看，是小離來找他。

小離一看見滿臉愁容的阿民，便說：「總歸一個『緣』字，你就別想太多了，太過勉強的情感會帶來不幸。」

「我很愛她，我眞的很愛她……」阿民失神落魄地說著。

小離看著癡情的阿民，嘆了口氣說：「我們出去走走啦！」

於是，小離拉著阿民出門，接著信步地走到遠處的一座公墓。

有點尷尬的小離與心情更加沉重的阿民，看見這個景象，兩個人同時沉默了下來，因爲他們不知道能說什麼。

忽然，小離指著遠方叫喊著：「阿民，你看！」

阿民循著小離的指引望去，是隻彩蝶！

小離興奮地說：「多麼美麗的彩蝶啊！你看，她就在那個墓碑上快樂地飛舞！好美！」

阿民似乎沒有聽見小離的呼叫聲，只是靜靜地望著彩蝶。

突然，阿民像是發現什麼似的，整個人猛地精神了起來，而且雙眼炯炯有神地看著前方。

因爲他發現：「一邊是沉靜的死寂狀態，一邊是充滿律動的蓬勃生機。仔細想想，那個沉睡的生命生前一定比彩蝶偉大，但畢竟他已經死去，再也不能像彩蝶那般，享受人間的美好。」

阿民一想到這裡，雙眼睜得更大了：「是的，沒有好好地享受活著時候的美麗，實在是生命的一大缺憾啊！我怎麼那麼笨呢！」

小離看著阿民臉上莫名其妙地變化著，還以爲他正痛苦地回憶起過往，忍不住安慰著他說：「既然你連死都不在乎了，又何必擔心活著的事呢？」

阿民看著小離，沒有多說什麼，只有簡單地笑了笑，點了點頭，接著又回頭欣賞那隻讓他決定要好好活下去的彩蝶。

在死沉墓碑與活力彩蝶的鮮明對比下，聰穎的阿民領悟出生命的珍貴，面對人生中的失意與失戀，你是否也曾像阿民一般，爲了小小的失去而放棄與否定自己呢？

好好地活下去吧！當彩蝶在陽光下燦亮地展現生命活力時，我們確實也和阿民一樣，看見了生命的奇蹟和希望。

不論我們正處在什麼樣的環境，能活著就會一定會有許多機會。遇見失意的人，我們會說：「靜待苦盡甘來時！」

遇見失戀的人，我們總說：「下一個情人會更好！」

這些話看似安慰，其實是提醒人們，凡事不可鑽牛角尖。不管眼前景況如何，這都不是人生的盡頭，只要你不放棄自己，積極前進，再跨一步就一定能看見全新的人生視野。

讓生活與工作保持最佳的平衡

不要讓過度的疲勞成為永久性的生活狀態，也不要把加班賺錢視為換取生活幸福的方法。

工作是每個人生活中的重要部分，但卻不是唯一的部分。

無論你多麼熱愛工作，多麼享受你的工作，也絕對不能拿其他的生活來犧牲，就像經常「廢寢忘食」的人，有一天他們會發現，犧牲的不只是健康的身體，還包括寶貴的生命。

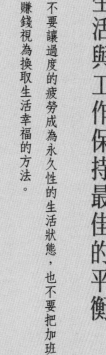

許多人跟小童一家人情況相近，大人們每天加班，除了沒有足夠的時間休息，還得拿辛苦加班的錢，支付代他們陪伴孩子的托兒中心費用。

小童的媽媽說：「這些犧牲是値得的！」

爸爸也贊同說：「是啊，我們一切都是爲了這個家。」

有個好友卻勸他們：「値不値得，旁人無法妄下定論，但是別忘了，生活中除了工作之外，還有許多的事情，要靠我們花更多的心力去經營。」

朋友之所以這麼說，是因爲他發現，每次拜訪小童家的時候，夫妻倆總是滿臉疲態，小童跟妹妹則坐在角落，安安靜靜地排列積木，偶爾抬起頭看父母時，臉上卻是陌生又帶點厭惡的神情。

朋友發現他們親子之間的距離已經產生，未來可能發生的代溝問題，也隱約可以預見了。

朋友曾經對他們說：「你們知道嗎？我偶爾拒絕加班的原因，其實只是爲了跟全家人好好地吃一頓晚餐而已。對你們而言，或許這會突顯我對工作的不盡心，然而我認爲，加班不一定是盡忠職守的表現，如果能在工作時間內完成任務，隨時保持最佳的工作精神，便已足夠了。」

朋友接著又說：「至於工作之外的時間，我有家人與朋友們要經營，還有健康要維護。所以，不要讓工作越了界，佔據所有的生活時間，才是保持活力的最佳方式。」

加班是工商社會裡的常態，其中除了因應商業競爭的必須外，也有人是因爲工作時間分配不當，導致不得已的加班情況。當然，也有人是爲了多賺點錢，充實自己的財富。

不過，當你下一次再加班時，不妨想一想，如果你減少加班的次數，對生活會有多大的影響？

別人可以在不加班的情況下，準時完成自己的工作任務，你爲什麼不能？

不要讓過度的疲勞成爲永久性的生活狀態，也不要把加班賺錢視爲換取生活幸福的方法，因爲，這些都是錯誤的觀念。

適當的工作時數，讓生活與工作皆能得到平衡，才能增加工作效率與幸福生活的指數。不要再用「這麼辛苦全是爲了你們」作爲藉口，當你希望家人能體諒你時，別忘了他們也需要你的問候，一個全心全意、不被工作佔據的關心。

工作是生活的一部分，親子溝通也是生活中的一部分，即使簡短地聊聊天，也要暫拋工作心思，全心全意地關懷家人才是。

懂得量力而為才能發揮實力

在這個勸說突破與超越自己的時代，我們經常忘了量力而為的重要，生命的力量看似無限其實有限，不能過度勉強自己。

你對自己的實力認知有多少？

其實，潛能並不是眞的那麼神秘或未可預知，因爲我們到底有多少能耐，只有我們自己知道。

生活不應該有那樣多的比較與不滿，在羨慕別人的同時，我們更要擔心自己找不到生命的至高點。

你知道自己的實力有多少嗎？

你知道自己的極限在哪裡嗎？

在傳說的黑森林中，正聚集著許多大大小小的動物們，因爲他們將有一場比大的競賽。

忽然，大牛用力地踩著步伐走了上台，台下的動物們一看見壯大的水年，忍不住驚呼：「眞大！」

緊接在大水牛後面的是一隻大象，當大象的腳步猛地踏在台上，並發出一聲巨響時，台下的動物們立即大喊著：「大啊！」

然而，這時台下有一隻不服氣的青蛙突然躍上台說：「我也能變大！」只見小青蛙開始拼了命地股起肚皮，並得意地問：「我大吧！」

沒想到，台下的動物們一點也不給牠面子，全異口同聲地嘲笑說：「哈哈，你一點也不大！」

青蛙一聽，十分不服氣，於是牠的肚子越鼓越用力，也越鼓越大。忽然，從青蛙身上傳來「砰」的一聲。青蛙肚皮破裂了，可憐的青蛙就這麼死了，而且牠自始至終都不知道自己到底有多大。

從寓言故事中，憶起了一則故事，其中旨意十分相近。

有個登山高手終於找到機會攀登珠穆朗瑪峰，但是他最後卻沒有完成這個壯舉，因爲在六千四百米的高度時他便已體力不支，停了下來。

有朋友惋惜地說：「眞可惜，你應該多堅持一下，只要再一點點的高度就能到達頂峰了。」

但是，這位登山高手卻說：「不，我很清楚自己的能力有多少，我知道六千四百米已經是我登山紀錄裡的最高點，我一點也不覺得遺憾。」

在這個積極勸說突破與超越自己的時代，我們經常忘了量力而爲的重要，生命的力量看似無限其實有限，我們不能過度地勉強自己。因爲，最好的突破方式是：「今天我只能到此為止，接下來我會檢討今天的高點，並努力充實自己，下一次攀登，我的一定能突破至高點。」

6.

沒有貪念
就不會受騙

天下沒有白吃午餐，
以為佔盡了對方便宜的人，
最後卻經常發現，自己竟然損失更多。

盡全力，人生就不會有遺憾

無論生活上遇見了什麼樣的困難，凡事都能盡心盡力，那麼在沒有遺憾與生活中，人生自然能耀眼奪目。

不希望人生有任何遺憾，只要你盡力去做就對了！

這是大多數成功者的結論，也是他們最基本的生活態度，更是讓他們擁有精采人生的唯一方法。

國際巨星茱麗葉·畢諾許的人生觀十分獨特，她認爲：「人生最重要的一件事是能平靜地死去。」

當記者們聽見巨星如此說時，都吃驚地問：「爲什麼？」

只見巨星帶著甜美的微笑說：「能平靜，是因爲我們一生中必須做的事都完成了，所以可以死而無憾，平靜安詳地離開了。」

對畢諾許來說，人生有許多階段，而且每一個階段都會有不一樣的任務要做，當然也會有屬於該階段最重要的事得去實現。

她說：「十八歲時，最重要的事是學會獨立生活；開始工作以後，我們要仔細聆聽內心深處的聲音，知道自己想要追尋的夢是什麼。」

「那，您目前是屬於什麼階段？對妳來說，目前最重要的事是什麼？」

畢諾許甜蜜地笑著說：「我現在當然以家庭和小孩爲重囉！」

「但是，您工作那麼忙，而且每一部片子幾乎都得到國外出外景，妳要怎麼安排時間呢？」

「即使出國拍戲，我還是有休息時間啊！我每天都會利用電話或傳眞與孩子溝通談心，而這也是我調劑身心最好的方式。」畢諾許說。

我們可以這麼說，演技一流的畢諾許，不只是工作出色，更是一位好媽媽，懂得在工作與家庭之間找到平衡的她，生活也一定比常人都過得還要精采。

其實，我們也可以擁有這樣的精采人生，只要我們能像畢諾許一般，無論生活上遇見了什麼樣的困難，凡事皆能盡心盡力，那麼在沒有遺憾與生活中，人生自然能耀眼奪目。

你還在找尋豐富人生的方法嗎？

你根本不需要花那麼多時間找秘方，儘管生活的方式有很多種，但生活的態度卻只有一種，那正是畢諾許在故事中表現的旨意：「無論如何，凡事盡力去做就對了！」

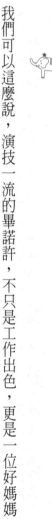

愛物惜物才能累積財富

財富是靠累積的，因為累積十分辛苦，我們都能發現，那些所謂的有錢人愛物惜物的態度，經常比你我有過之而無不及。

美國沃爾瑪集團的創辦人薩姆．沃爾頓曾經回憶說：「從小，我就知道要用自己的雙手掙取一塊美元有多麼辛苦了，因此，我一直遵守父母親的教誨，特別是金錢觀，那便是：『一毛錢也不隨便亂花！』我也知道，這是累積財富最基本的觀念。」

財富從來都不會從天下掉下來，所謂的意外之財，也始終都讓人擁有得心虛，畢竟大多數的意外財來得快也去得快；只要並非一塊錢一塊錢所累積出來的財富，最後都將在慾望的伴隨下，快速地消失。

薩姆是出了名的節儉富翁，擁有億萬家產的他，卻以一輛老舊的貨車代步，頭上戴的是印有沃爾瑪標誌的便宜棒球帽，從小到大只在街角的理髮店理髮。他只在自家的折扣百貨店購買日常用品；公務外出，也會儘量與人共住一房……

人們無法理解他為何如此節儉，但是，薩姆卻說：「這有什麼好奇怪的，我從小到大都如此啊！」

原來，薩姆出生在美國中部小鎮的一戶普通農家，由於他的成長時期正巧遇上經濟蕭條期，因而讓他培養出努力工作和節儉的生活態度。

沃爾瑪公司裡的一位經理便這麼說：「我們就是這樣長大的，所以，當地上有一枚被遺棄的銅板，也許沒有多少人會去把它撿起來。但是我會，而且我打賭薩姆也會。」

正因為從小便體會到每一分錢的價值，所以這位經理與沃爾瑪都深知，每一分錢都是辛苦賺來的，也因此始終保持簡樸的生活。

主張「生活簡單」的薩姆也說：「雖然我不希望我的孩子們將來必須刻苦到打工賺取學費，但是，如果他們有任何奢侈的生活心態，那麼就算我死了，也要從地下爬出來教訓他們。」

其實，不只是家庭教育上，連員工的基本生活教育他也堅持以身作則，他的目的是：「要讓每個人都明白勤儉的好處。」

有一次，他派一位員工去租車，但是很快地，薩姆又叫他將車子退租，原因是：「這車子太大了，我只租小車。」

後來，員工也明白了薩姆的用意，原來他不願讓人看見他所使用的公務車竟比員工要好。

薩姆出差洽商，選擇旅館時，標準也與員工們一樣，甚至他還會與員工們同房。曾經有人問他搭機的感覺時，他竟說：「我只搭過一次頭等艙，那次是因爲時間太趕，又只剩下頭等艙的位子，秘書不得已只好幫我買了。」

當他連續兩年名列全美首富時，他對記者講的第一句話是：「這玩笑實在開得太大了，我怎麼會是最有錢的人呢？」

聽見薩姆說，他是非不得已才搭頭等艙的時候，也許有很多人會不以爲然地說：「那叫小器、摳門！」

你眞的認爲他只是個守財奴嗎？或者，同樣辛苦賺取一分一毫的你，其實十分理解薩姆的金錢態度呢？

因爲財富是靠累積的，也因爲一塊錢一塊錢的累積十分辛苦，我們確實都能發現，那些所謂的有錢人愛物惜物的態度，經常比你我有過之而無不及。

我們不是無法累積財富，而是因爲我們太放縱自己，經常輕易地讓難得的財富一點一點地流逝而不自知。

沒有貪念就不會受騙

天下沒有白吃午餐，以為佔盡了對方便宜的人，最後卻經常發現，自己竟然損失更多。

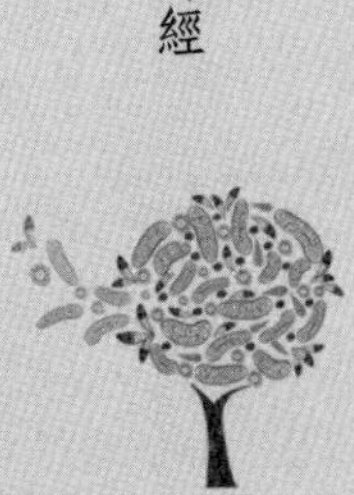

如果不想老是被詐騙，那麼我們便要懂得釣魚的哲學，那便是「魚」與「餌」的關係；不想受魚餌的誘惑，就要學會克制，克制貪求的心，克制老想佔人便宜的貪婪之心。

只要我們不任由小便宜的心理滋長，心裡沒有多餘的慾望，那麼無論人們怎麼引誘，賠了夫人又折兵的慘況就不會發生在我們身上。

十三歲的古德和父親正在芝加哥的街上漫步，當他們經過名爲「德魯比克兄弟」的服裝店時，門口正站著一位笑容可掬的男子。他一見到古德他們，立刻向他父親伸出手來，並大聲嚷道：「先生，請進，歡迎光臨本店！我們有一套非常漂亮的服裝，若能穿在您的身上，實在再好也不過了，今天本店大減價，您千萬別錯過啊！」

古德的父親搖搖頭說：「不，謝謝。」

父親拒絕後，和兒子便接著繼續前進。

這時，好奇的古德回頭看了那個店門口的男子一眼，卻見那位能說善道的推銷員又纏住了另一個人。

只見他緊緊地捉住一位過客的手，並積極地指著窗口的一件藍色條紋套裝，不一會兒，男子便被帶進了店舖。

這時，古德的父親搖著頭，說道：「這對德魯比克兄弟眞是厲害，他們靠著

『裝聾』，便賺足了三個孩子上大學的學費。」

古德不解地問：「裝聾？裝聾也能賺錢嗎？」

父親笑著說：「是啊，但是那也只有他們做得出來。」

原來，他們兩兄弟的哥哥先把顧客哄騙進店後，便開始勸說客人們試穿新裝，接著他讓客人在鏡子面前仔細端詳，並不住地奉承讚美客人。

他們以甜美的語言慢慢地打開了顧客的心防，直到客人問道：「這套衣服要多少錢？」

德魯比克哥哥這時會把手放在耳朵上，反問了一次：「你說什麼？」

客人便又高聲地說了一遍：「這套衣服要多少錢！」

這時，哥哥便會說：「喔，價格啊！你等等，我問問老闆看看！」

於是，他會轉身向坐在寫字台後的弟弟大聲問：「德魯比克先生，這套羊毛服裝要多少錢？」

而弟弟扮演的「老闆」這時便會站起來看了看顧客，接著答道：「那套啊！七十二美元！」

這時，哥哥會故意地問：「多少錢？」

「七十二美元啦！」老闆加大了音量回應。

哥哥這才笑著轉身，並對著客人說：「先生，一共是四十二美元！」

每位顧客一聽到這樣的價差，無不認爲自己走運，在貪小便宜的心態作用下，幾乎立即掏出錢買下，接著便溜之大吉！但是，他們買到的價格，其實只是原來訂價，一點也沒有佔到便宜。

父親最後說：「當然，這種騙局也算是一個願打、一個願挨，所以，孩子，凡事可要張大眼睛看仔細啊！不要被他人的僞裝蒙蔽了。」

古德點點頭說：「我會的，爸爸！」

十分有趣的小案例，在醜惡且貪婪的人性表現中，我們不也時常看見那些自以爲佔了便宜的人，最終全被人反將一軍？這樣的畫面十分滑稽，卻得不到人們的同情。

現實生活中屢見不鮮的詐騙案件，相同的手法與貪念其實與這則故事的手法不謀而合，不是嗎？

天下沒有白吃午餐，以爲佔盡了對方便宜的人，最後卻經常發現，自己竟然損失更多，只因一時的貪念興起，一時的慾望貪求，最終反而讓自己掉入貪婪的深淵，甚至溺斃。

聽聽古德父親的教訓，那不僅適用於小古德，更加適用於老是想佔人便宜的人。讓自己的心思簡單一點吧！別想佔別人便宜，少一點貪婪的念頭，我們必定能獲得更多！

有多少能力便享受多少樂趣

聰明的人懂得依自己的能力過生活，不要用華貴的外衣來包裝空洞的內裡，因為那騙得了別人，卻騙不了自己。

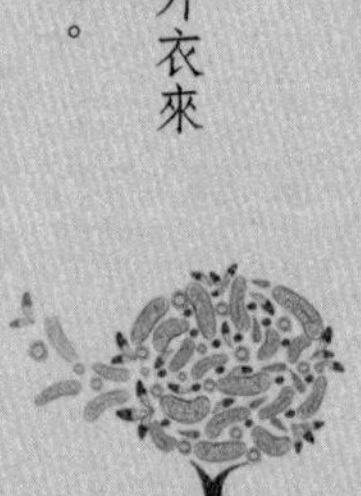

不要讓生活透支，也不要過度放縱自己的享樂慾望，人生很長，我們要聰明地分配快樂的能量，有多少能力便享受多少樂趣。

外表華麗不代表能力滿分，浮華不實的金錢態度，只會讓自己陷入痛苦的金錢遊戲之中！

查爾斯正與看起來十分富裕的麥賽福聊天，育有三個孩子的麥賽福，不僅婚姻幸福，三個孩子的表現也是人人誇讚。

兩個許久未見的老朋友，從過去聊到現在，原本討論得十分開心，但是，就在查爾斯問到麥賽福的現況時，麥賽福的臉色忽然沉了下來。

查爾斯以爲自己問錯話了，連忙向他道歉：「對不起，如果你不想談的話，就不必回答。」

麥賽福苦笑著說：「唉，我也不知道要從何說起。」

查爾斯安慰著朋友說：「放心，沒有什麼解決不了的事。」

麥賽福嘆了口氣，搖搖頭說：「我只是沒有想到，我們家也會有入不敷出的時候。我現在才知道，原來我們家每個月的支出竟然那麼大，像是每個月得參與的高爾夫俱樂部聚餐，孩子們私校的學費，以及家中其他各項雜物上的支出等等，這些開銷壓得我快喘不過氣來了。」

查爾斯一聽，立即對朋友說：「重新規劃你的生活支出吧！」

麥賽福點了點頭說：「我很想啊，但是，只要一想到每個月都有三千美元的缺口，我就睡不著覺了，而且每到月中我的薪水就已經用光了。」

查爾斯又問：「那接下來的日子，你們要怎麼渡過？」

麥賽福滿臉無奈地說：「先用信用卡付帳啊，不然怎麼辦？」

只見麥賽福說完話之後，再次拿起了手上的雪茄，深深地吸了一口。

原來，麥賽福很早就瀕臨破產邊緣了，但是，他過去的嗜好與消費習慣卻一直都沒有改變，過慣了舒服、享受的生活方式，他們一家人確實有許多放不下的東西。

查爾斯幫他們計算過了，如果他們再不放棄一些不必要的支出，就算他們一家人工作到死，也無法還清積欠的債務！

所謂由奢入儉難，正巧可以對照麥賽福家的情況，因爲面子問題，讓麥賽福仍然想用華麗的外表來麻醉即將破產的事實。

但如此一來，反而讓自己落入了更深的負債之中，還進一步讓家人們深陷貧

困的泥沼，拖累自己也拖累家人。

聰明的人懂得依自己的能力過生活，更懂得依當下的情況來調節自己的消費支出。他們知道，生活不能踰越「過」與「不及」，一旦在這兩個原則之間有了太過的情況，都將讓自己的生活掉入不正常的狀況，讓原本可以享受快意生活的美夢，因爲自己的錯走一步，轉變成連連惡夢。

所以，不要用華貴的外衣來包裝空洞的內裡，因爲那騙得了別人，卻騙不了自己，回到自己的世界，我們始終得面對生活上的失落感，更得獨自承擔經濟困窘的事實。

明白其中的道理，我們便能從別人一天只花固定錢的堅持中，相信自己也能如此堅持，我們不必爲了擺闊，而故意增加消費，因爲你眞的可以大方地對人們說：「對不起，我目前經濟不佳，我今天只能花這些錢。」

然後，你便能從頭開始，慢慢地累積出你所夢想的財富。

別把時間浪費在金錢上

簡單生活，簡樸打扮，才能活得充實快樂，因為我們沒有太多的時間浪費在奢侈浮華上。

對你來說，身穿名牌精品最重要，還是在工作上擁有快樂最重要？一餐上千元的牛排，與一頓幾十塊便能飽足的簡餐，對你來說，哪一個才能滿足你的口腹之慾？

生活上有太多取捨，什麼該捨，什麼才是我們應當努力爭取的，全有賴聰明的你仔細評估。

卡文迪斯是英國著名的科學家，去世六十年後，劍橋大學爲了紀念這位偉大的科學家，特別花費了三萬英鎊，建造一座世界著名的卡文迪斯實驗室。

當人們回顧大師的一生時，他們發現，卡文迪斯生前也曾有過一段貧困的日子，只是這段艱苦的生活並不長，因爲幸運之神在他吃了幾天苦頭之後，便將好運氣送來給他。

那是在一個寒冷冬天的午後，就在卡文迪斯門前，忽然出現了一輛豪華馬車，車上忽然跳下來一位紳士，對他說：「我是倫敦銀行的人，這張一千萬英磅的支票是您的！」

卡文迪斯忽然收到這張支票，非常吃驚，呆立在門口好長一段時間，直到銀行經理解說完畢坐上馬車後，這才回過神來仔細端詳手中的支票。

原來，這筆鉅款是卡文迪斯的姑母送給他的，這也讓卡文迪斯一夕間便成了千萬富翁。只是，一向討厭銅臭的卡文迪斯，面對這筆從天而降的鉅款一點也不開心。

他考慮了很久，最後決定：「嗯，這些錢足夠讓我建造一座擁有一流設備的實驗室。」

一想到實驗室，卡文迪斯立刻精神了起來，也立即積極規劃實驗室的設計。很快地，卡文迪斯的個人實驗室終於完成了，至於剩下的錢，他原封不動地存入銀行，從此再也不聞不問。

每天樂在實驗工作中的他，雖然是當時英格蘭銀行的大戶，但是他的衣著一如往昔，鈕子掉了仍然補了又補，簡樸的生活也從未改變。有一回，他準備前往皇家學院面談時，竟然穿了一件被硫酸燒出一個大洞的襯衫去，一身簡陋的模樣，還一度被學院的職員誤認是流浪漢呢！

被阻在門外的卡文迪斯將通知單遞出後，職員這才知道，原來眼前站的是著名的科學家卡文迪斯。

其實，卡文迪斯不僅外在簡樸，就連吃也很節省。

有一回，他在家宴請其他科學家時，僕人對他說：「先生，五個人只準備一隻羊腿似乎不太夠。」

沒想到卡文迪斯一聽，只淡淡地回答說：「是嗎？那就準備兩隻吧！」

對此，曾經有人問他：「你把錢全部放在銀行不用，自己卻過得這麼寒酸，太不合生活邏輯了吧？」

卡文迪斯不以爲然地說：「是嗎？我不覺得啊！我認爲身爲一個科學家，應當把時間多用於科學上，而不是用在金錢消費中。」

因爲心中的目標不同，也因爲珍視的價值不同，所以卡文迪斯的生活才會如此與衆不同。

對卡文迪斯來說，太過在意生活上的繁瑣小事實在沒有必要，因爲那實在很浪費時間。對他來說，所有關於科學的範疇才是他生活的重心，也才是值得他耗費時間的珍寶，所以他才會如此堅持：「身爲一個科學家，生活裡除了科學，還是科學！」

這個論點其實也普遍表現在許多成就不凡的名人身上，他們在自己的發展領域中，幾乎可以用「沉迷」兩個字來形容。

無論是沉迷在科學探究、創意研發，還是在醫學研究中，他們所現出來的生活態度，和卡文迪斯是一模一樣的：「簡單生活，簡樸打扮，因爲我們沒有太多的時間浪費在奢侈浮華上！」

從中，我們也歸結出一項簡單而成功的生活定律：「經常投入工作中而廢寢忘食的人，對於物質的享受總是嗤之以鼻，但是他們卻十分在意是否能從工作中獲得樂趣，因為對他們來說，生活上最值得的投資與消費，只有生活能否充實快樂！」

我們要追求的就是那一點價值

無論在什麼樣環境底下，最崇高的價值都在於不計功勞的付出中展現的無私。

人們眞正需要的不是財富，也不是名聲，而是身爲人的無形價值。建立起這份無形價值的依據是：「一份不自覺的謙遜表現，一份無私的分享意願，以及人們從中產生的感動與敬意。」

然後，一個人眞正的價值由此而生。

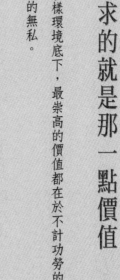

雖然，X射線是物理學家倫琴最先發現的，但是倫琴卻從來都不把這項偉大的發現獨佔。

謙虛的倫琴在發現X射線時便說：「對於這個射線的性質，我還不太清楚，所以暫時取名為X射線。」

暫定名稱確定後，嚴謹且慎重的倫琴又花了近一個月的時間，確認並實驗這個發現，之後他才把早已完成的《新射線的初步報告》論文，及手上的照片一起寄出。

發現一公佈後，很快地便引起科學界的注意與討論，無論是祝賀信或質疑的信，每天都從世界各地寄送給他，前來實驗室的訪客更是絡繹不絕。

直到有位醫師利用「X射線」，準確地顯示出人體內的斷骨位置後，「X射線」熱潮也正式沸揚。

有一天，倫琴還收到一封信，上面寫著：「請寄給我一份X射線和使用說明書。」

像這類令人啼笑皆非的索取信很多，而幽默的他總是這麼回應：「對不起，目前我手上沒有X射線的存貨，而且，郵寄X射線是一件十分麻煩且危險的事情，因此我無法答應您。」

自從X射線發表之後，倫琴也不斷地榮獲各種科學獎項，但是他似乎對於這些榮譽一點也不在意，他曾經謝絕了普魯士皇室封爵的榮譽，更拒絕在名字上多加一個貴族表徵的封號。

他這麼說：「致力於科學研究與發現，是我應盡的本份，更是我的人生目標，那些過高的獎勵與恭維，對我來說是一種恥辱。」

謙虛的倫琴也是個深具使命感的科學家，曾經有廠商想以極高的價碼，向倫琴爭取生產X射線機的專利，但倫琴卻一口回絕：「我認爲，科學家的發明和發現都是屬於全人類的，沒有人可以獨佔其中的好處。」

正因爲這份正義與使命感的堅持，讓X射線機很快地能普及全世界的醫院，並救回許多垂死的生命。

倫琴的幽默與謙虛，確實令人激賞，在這個追求功名利祿的社會中，倫琴的謙遜與淡泊，帶來了一個讓人深省的啓發。

對倫琴來說，他不願獨佔這份功勞，因爲能讓他發現這項科學奧秘便已足夠了，往後這個發現能否繼續發揚光大，那又是後人的責任與榮耀了。

所以，這位偉大的科學家願意心胸寬廣地說：「這是屬於全人類的發現，不是我倫琴一個人的！」

「從謙卑中見偉大」這句話不僅適用於科技領域中，更適用於沒沒無聞的你我身上，因爲無論在什麼樣環境底下，最崇高的價值都在於不計功勞的付出中展現的無私。

真正的財富是看不見的

沉溺於功名利祿中的人，不僅會失去自己的價值，最終還會迷失在財富的追逐中。

精神上的滿足是看不見的，我們無法用物質來塡充精神上的缺口；心靈上的滿足也是看不見的，但是，我們卻需要無形關懷，安撫受傷的心靈。

聰明的人會讓精神得到充分的滿足，因爲他們知道那不是金錢財富所能比擬的，因爲充實的感覺，我們都將讓人生得到眞正的快樂與富足。

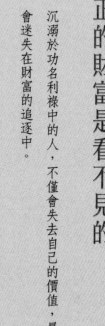

三十三歲時，日後成爲鋼鐵大王的安德魯．卡內基，在日記上寫著：「對金錢執迷的人，是品格卑賤的人，如果我老想著追求賺錢之事，終有一天必將墮落。所以，我設定，每當我到達某個財富目標時，便要將之回饋給社會，那麼我就不會迷失。」

六十歲時的卡內基已經是個成功名人，功成名就的他，決定要退出商場去養老，並在晚年期間，多做些自己長久以來一直想完成的事——致力於慈善工作，與維護世界和平的夢想。

於是，他在《財富的福音》一書中宣佈這個消息：「我要退休了，不再在商場上爭奪了！」

當年，他毅然退出正値蓬勃發展的鋼鐵事業，以五億美元的價格，將卡內基鋼鐵公司賣給了金融大王摩根，從此他帶著累積多年的財富，開始投身他構思許久的偉大計劃。

他退休後的第一年，先贈與五百萬美元給煉鋼工會，協助他們設立救濟與養老基金的成立，這正是向所有工人們表示他的感謝，接著，他又撥了一筆鉅款來協助貧困家境卻仍力爭上游的年輕人。

第二年，他捐款二千五百萬美元，用以發展科學、文學和美術等等。同年，他還在匹茲堡創了「卡內基大學」，接著分別在英美等地捐資，創辦了許多學校與教育機構。

在隨後的幾年期間，他又分別成立了許多基金會，像是「捨己救人基金會」、「大學教授退休基金會」以及「作家基金會」等等，總之，已經半百年紀的他，在鼓勵拔擢人才的同時，也不忘照顧與他同年卻晚景不佳的人。

最後，他拿出了一千萬美元，以無國界的共享與攜手回饋爲宗旨，成立了「卡內基國際和平財團」，專門資助一些致力於世界和平的奉獻者。

這是卡內基的人生，也是估量他的生命價值的依據。

不過，仔細評估之後，我們也發現，卡內基晚年投資的無形財富，確實比他有形財富更顯珍貴無價。

生命的價值到底要如何評量，有人從個人成就中評定，也有人以心中滿足的程度來界定，那你呢？

當你也擁有卡內基一般的人生境遇時，你會以事業的成功或財富來表現人生的價值，還是像晚年的卡內基一般，堅持除了物質與功名之外，我們還有更多可以爭取的「財富」，關於關懷世人、珍愛世界的無私奉獻？

地球是圓的，人際關係也是圓的。只要我們願意伸出手，並牽起身邊需要關心的陌生人，然後我們也將串連起人人渴求的祥和與幸福，這是聰明的人在發現財富原來如此空洞時經常實踐的。

這正是深具遠見的卡內基在而立之年時所領悟的：「沉溺於功名利祿中的人，不僅會失去自己的價值，最終還會迷失在財富的追逐中。所以，我們都要看淡財富的享樂慾望，明白因為分享而獲得的精神滿足！」

給自己一個正確的理財觀念

理財的目的與水庫儲水一樣，都要有量入為出與儲蓄節省的觀念，懂得預留備胎的人，遇到突發狀況，始終都能安然渡過。

仔細算算你曾擁有的手機有多少款？再仔細算算你的衣櫥裡，有多少衣物只穿一次便無法再見天日？

每個人都有許多慾望，但有些慾望確實是多餘的，希望擁有財富享受人生的人，除了要能辨別哪些東西是不需要的之外，最重要的是，要懂得克制自己的消費慾望。

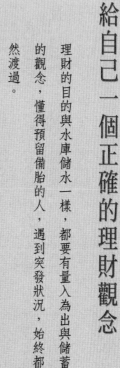

肯尼坐上了一輛出租的計程車，司機問他目的地後，又看了一眼肯尼上車前放進車廂中的一個盒子。

司機好奇地問他：「年輕人，你盒子裡裝了什麼東西啊？」

肯尼忍不住抱起了盒子，開心地說：「音響！」

司機懷疑地問：「是嗎？那你花了多少錢買的？」

肯尼聽見司機用如此不屑的口氣，原本喜悅的情緒有些消失，他回應道：「約四十美元。」

司機一聽，立即發出更瞧不起人的口氣：「喔！四十美元啊！」

肯尼想到自己好不容易擁有的小音響，忽然被人用這般口氣否定，心中十分不悅，他想：「我開心最重要，沒有人可以破壞我的購物情緒。」於是，他反問司機：「那你認爲我該買什麼樣的音響才對呢？」

計乘車司機聽見肯尼這麼問，似乎正中他的下懷，於是用著專業的口吻說：

「嗯，我認爲，你應該買像我車上的這個音響系統……」

沒想到司機話匣子一開便停不了了，他一路不僅介紹車上的音響，還詳細地介紹他家中的高級音響設施與選購過程等等，而肯尼也乖乖地坐在車上，靜靜地聽著司機約二十分鐘的吹噓。

司機一路講了許多專業術語，肯尼問他：「你買了那麼好的音響設備，但是你能把音量調得很大嗎？那不會影響鄰居嗎？」

只見司機驕傲地回答說：「我是個有水準的人，當然不會影響到鄰居們，我在屋裡做了很嚴密的隔音處理，如此一來，不管我的音響開得多大聲都不會影響到任何人。」

忽然，車子停了下來，原來目的地到達了。

就在這個時候，準備下車的肯尼問了司機一個問題：「我想問一下，你那套音響要多少錢？」

司機很大聲地說：「那不便宜喔！大約要一萬九千美元。」

肯尼又問：「哇，果眞不便宜，那你打算花多久的時間租這車子呢？」

司機一聽，聲音忽然降低了下來，答道：「可能會一直開下去吧！我沒有錢投資買車，而且目前存的錢還不夠養老。」

翻開你我的記帳本，仔細研究其中支出的明細，然後，有多少人能微笑著說「我這個月沒有透支」或「我不必再存款轉帳給信用卡公司」？

現實生活中，確實有許多人都像故事中的司機一般，爲了滿足虛榮心而過著奢華的享受。他們堅持著人生就是要即時行樂的態度，即使明知未來堪慮，但在慾望的誘引之下，仍然樂於當「月光光」族的一員。

每個月的生活費都透支，你眞的快樂嗎？

當信用卡又刷爆了，下個月的帳單又再累積了一筆無法支付的龐大數字時，有多少人不會發出懊悔聲？

生活不是只有一天，財富也不是每天都有累積，理財的目的與水庫儲水的意義一樣，都要有量入爲出與儲蓄節省的觀念，畢竟懂得預留備胎的人，萬一遇到

突發狀況，始終都能安然渡過。你不害怕自己的未來景象，只剩一間空房子和一部老舊的音響嗎？

人生是串連的，不只僅有當下，過去沒有好好地糾正自己的理財觀念，那麼我們不妨從現在重新開始。

如果你自知是個自制力不夠的人，那麼請把成堆的信用卡剪掉一些，把現金卡全部丟掉，然後每天約束自己的花費。

慢慢地你將發現，原來債務減少的感覺，不只是生活和心理的壓力減少而已；還看見了自己的未來，將是一派輕鬆安詳且快樂地享受晚年的景象。

7.

命運好壞，就在你的方寸之間

希望命運能夠轉變，
就別放棄自己的意志力和努力，
因為那是我們的生活能量，
更是我們改變未來命運的唯一助力。

一家人不會有真正的埋怨與對立

心中有再多的糾結，只要你願意就一定能解開，又何必老是為了一點小事而爭執，甚至口出惡言、大打出手呢？

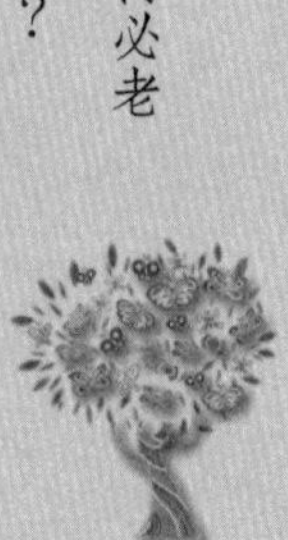

近來，我們經常透過電視報導看見，因爲家庭不睦而戕害自己或是家人們性命的新聞畫面，從事後那些懊悔的臉神中，我們也再三看見了，情緒失控所種下的惡果！

每當你情緒高漲時，都怎麼處理？是自認率直但任性的破口大罵，還是閉上嘴巴走出門口，等到情緒冷靜下來之後，再進門溝通？

有位青年從小與母親相依爲命，雖然是單親家庭，但是母子兩人的生活卻過得相當平靜而快樂。

當男孩長大娶妻，家裡又多了一個人時，原本幸福的家庭，卻因爲兩個女人之間的一點小誤會而破滅了。

從此，婆媳倆幾乎天天爭吵，家裡沒有一天安寧的日子，昔日一家和樂的景象也不再出現。

後來，母親受不了這樣的對立生活，憤而離開了這個家。

就在母親搬離不久，媳婦生下了一個可愛的男嬰，原本也開心著當婆婆的母親，卻聽見人們說：「妳媳婦居然說，跟婆婆住在一起時，婆婆總是嘮嘮叨叨，認定是妳爲家人帶來晦氣，所以讓他們一件喜事也沒有，如今妳搬走了，她才可以這麼快傳出喜訊。」

母親聽到這番話，憤怒難抑：「這是什麼世界啊？居然說因爲趕走了婆婆，她才有好事，這世界怎麼都變了？」

母親不斷地嚷著：「既然已經變了，那就讓眞理埋葬吧！」

近乎瘋狂的母親，獨自一人朝著墓地走去。

這時，天神看見了這個情況，便現身在母親的面前努力勸說，希望能化解她心中的憤恨和鬱結。

然而，不管天神如何努力，老太太仍然搖著頭。

最後，天神對她說：「那麼，不如我將妳的媳婦和孫子雙雙燒死，這樣也許能平息妳心中的怨恨，是吧？」

老太太聽見天神這麼說，忽然省悟過來，只見她立即跪在天神的面前懺悔，並求天神能保住媳婦和孫子的性命。

在此同時，兒子和媳婦也因爲新生命的誕生，察覺自己的不孝與錯誤，出外要把母親接回家，好好地奉養。

當他們經過這個墓地時，正巧聽見了母親的哀求聲，再次見面的婆媳兩人，就這樣在天神的面前握手言和了。

隨即，幸福和快樂再次重現於這個家庭之中，而且這次還多了一個孩子分享這份珍貴的幸福。

故事中的母親與媳婦的情況，其實也經常發生在現實生活中，他們總是爲了一點小誤會而爭論不休，很少有人願意好好地坐下來認眞溝通。

其實，心中有再多的糾結，只要你願意就一定能解開，而一家人如果有了誤會，只要彼此願意坐下來談，問題也都會比面對朋友或同事來得更容易解開，畢竟，你們是一家人。

就像故事中的母親，心中的埋怨再多，容納在心中的「疼愛」終究會比怨恨多上許多，那麼，我們又何必老是爲了一點小事而爭執，甚至口出惡言、大打出手呢？

什麼是你生活中最快樂的事

你是否真的快樂，只有你自己才知道，什麼才是真正的快樂，沒有標準答案，因為，真正的快樂並不需要加任何調味料。

不知道你認爲什麼是世間最快樂的事？

是痛痛快快地撒鈔票，然後再拼命地賺錢？還是擁抱權力，享受物質生活和人們言不由衷的阿諛奉承？

這天下午，有四個剛進佛門修行的比丘，正聚在一起討論「什麼是世間最快

樂的事」。

其中，有一位先開口：「春日美景，百花爭妍，能在這樣的景色中遊玩，正是人生最快樂的事。」

另一位聽了頗不以爲然，急著說：「非也非也，我認爲，可以在宴會中大吃大喝，那才叫快樂。」

這時，第三個比丘搖了搖頭：「不對，我認爲能多積財寶，富貴傲人，才是最快樂的事。」

最後一位卻質疑地說：「是嗎？我卻不這麼認爲，我想，能妻妾滿堂、誇耀鄉里，那才是最快樂的事。」

當四個人爭論不休時，正巧佛陀經過，他聽完四位比丘的對話，便立即出聲告誡：「你們竟然是這樣禪修的啊？習佛不循正道修行，卻以世間法爲樂，你以爲春日剛至，美景炫人，那麼秋日的摧殘，你又記得多少？而你，宴會是可以經常舉行的嗎？盛筵易散，有何可樂的？至於財富，乃辛苦得來，卻又憂慮散去，眞正快樂的時候又有多少？另外，你說能妻妾滿堂便是快樂，但是，你可曾想到生怨死離之時呢？」

四個人聽見佛陀教訓，全都低下了頭自省，佛陀見他們似有所悟，才說：「眞正的快樂是解脫煩惱，證入涅槃。」

接著，佛陀又講了一個故事：從前有位信佛的晉安王，請了鄰國的四個國王來聚餐，他們也討論到世間的快樂事。

其中一位國王說：「旅遊是最快樂之事。」

另一位君王則說：「嗯，我認爲能和情人在一起最快樂。」

第三位君王說：「能家財萬貫，一切如意，才叫快樂。」

第四位國王卻說：「能夠大權在握，控制一切，才是人間樂事。」

晉安王聽完大家的快樂定義，忍不住搖了搖頭說：「你們說的，我以爲全是痛苦之本，憂患之源，那不是眞正的快樂啊！你們想一想，人說樂極生悲，樂爲苦藪，得勢雖能凌人，但失勢不是便得受辱？我認爲，能修習佛禪，淡慾無求，才是人生第一樂事啊！」

每個宗教都有它的正面意義，然而，不管宗教本身的旨意如何光明，如果修行者的目光仍然擺脫不了世俗和私慾，再好的教義都會被誤用。

所以，我們是否眞的遵行皈依或受洗之禮，一點也不重要，重要的是，在我們的心中是否眞的知道：「修身爲何？」

你是否眞的快樂，只有你自己才知道，什麼才是眞正的快樂，其實也沒有絕對的標準答案，就像這兩個故事裡所要表達的宗旨：「**真正的快樂，是發自無私無慾的本心！**」

因爲，眞正的快樂並不需要加任何調味料，入口自然芬芳甘甜。

拋棄私心，就會樂於助人

當你的生活上保持著「助人為樂」的態度時，生活中，你自然也會獲得相同的「樂於助人」的互動。

出紕漏的時候，我們總是看見人們在推卸責任，緊急危難的時刻，我們也常看見人們的袖手旁觀。其實，不必急著義憤塡膺，仔細想想，當同樣事情發生在我們身上時，我們的反應或許也是一樣。

之所以如此，原因只有一個，因爲我們的心頭有太多私慾的負擔，總是忘了「我爲人人，人人爲我」的互助精神。

如夢似幻的美麗山野裡，有一座非常茂密的森林，林中有成千上萬的飛禽走獸在生長。

春天來臨，樹梢嫩芽開始冒出，百花也紛紛綻放，鳥媽媽鳥爸爸正引領著孩子們學習飛翔，其他的動物們也紛紛走出洞穴，來到樹林間活動筋骨，這裡就像是個快樂天堂，到處洋溢著和諧與歡樂的氣氛。

有一天，森林忽然起火了，動物們倉皇地奔逃，山林間哀號聲四起，火舌也在瞬間席捲了整個森林。

忽然，有隻山雞全身溼透地跑回了火場。

原來，牠爲了報答這片長久棲息的叢林，便用身上的羽毛沾水，在火林與河水之間來來回回，希望能盡快把火澆熄，然而猛烈的火勢，怎麼有法子靠牠身上的那點水來熄滅呢？

衆神之一的帝釋天看到了這情景，便問：「山雞呀，你在做什麼？」

山雞氣喘吁吁地說：「我在救火！」

帝釋天看了看火勢，連忙勸牠：「算了，不要這麼笨了，以你微弱的力量，哪滅得了火？你還是先想法子逃生要緊啊！」

山雞憤怒地說：「不行！這是我生長的地方，我有無數的親友們都得靠這座森林活下去，既然我還有力氣，豈能袖手旁觀？我不能那樣自私，總之，能救多少就算多少！」

帝釋天聽了，相當不以爲然地說：「喔？那依你的力量，你認爲什麼時候能把火熄滅呢？」

「只要火未熄滅，到死爲止也不放棄！」山雞毫不猶豫地回答。

帝釋天聽到這句話非常感動，不禁佩服山雞捨己爲人的精神，在此同時，其他的天神也聽見了山雞的宏哲悲願，於是衆神便全力協助牠，將森林的大火熄滅了。

據說，這座森林因爲有了山雞的守護，從此再也沒有發生火災，而且不管是哪一個季節，這裡永遠都是春天時的繁榮景象，一代傳著一代。

看了完故事，也許有人會覺得這則寓言很八股，因爲故事中「愛人助人」的道理幾乎千篇一律，我們都知道這個道理，卻鮮少有人認眞執行。

因爲，再怎麼願意犧牲，多數人還是只爲自己，不是嗎？

其實，隱含在故事中的主旨還有一個，那便是：「助人等於助己！」

當山雞努力地救人時，也獲得了帝釋天等衆神的援助，一個熱情助人的心意，不僅是救了大家，也救了山雞自己啊！

回到現實人間，其實道理相通，因爲人與人之間的關係是主動連結的，而且人與人之間還會互相影響，當你保持著「助人爲樂」的態度時，生活中，你自然也會獲得相同的「樂於助人」的互動。

臉部會反應你的生活態度

看一看你的內心，正抱持著什麼樣的生活態度，因為心怎麼想，你的生活會很自然地朝著心的方向前進。

如果你想要了解一個人，那麼你就要多觀察他的臉，因爲，每個人都可以很輕易地控制說話，唯獨臉上的表情卻控制不了。

所以，我們會發現口是心非的人，並感受到對方沒有誠意，還會拒絕與言不由衷的虛偽者繼續交往。

相信遇到上述的人，你也曾產生這個疑問：「既然無法隱藏，爲何還要言不由衷？」

那麼，你自己呢？是不是也犯了同樣的錯誤？

有一天，阿凡提去拜訪一位擅長做面具的朋友。

他一看見這位老朋友，便立即關心地問：「你最近好嗎？怎麼臉色看起來那麼差？是不是發生了什麼事情呢？」

朋友搖了搖頭，似乎不明白阿凡提怎麼會有這樣的疑問，朗聲說：「我很好，什麼事也沒發生啊！」

聽見朋友這麼說，阿凡提雖然稍稍放心，但是，仔細地看著友人的臉，卻仍忍不住懷疑地說：「眞的嗎？」

半年之後，阿凡提又抽了個空，前去拜訪這位製造面具的友人。

然而，這天他看見朋友時，再次忍不住問道：「咦！你今天的氣色很好哦！和上次見面時完全不同，是不是有什麼好事發生啊？」

友人聽見阿凡提這麼說，無奈地笑了一聲：「這幾年，我的日子過得相當平淡，什麼好事壞事也沒有發生過啊！」

阿凡提瞪大了眼，看著朋友，心想：「也許，他不想讓我擔心，所以才會這麼說吧！但是，他爲什麼要隱瞞呢？」

這天，他多待了一會兒，準備好好地欣賞友人的手藝。

忽然，他發現，當友人做著眼前的微笑面具時，臉上也會跟著出現和面具一樣的臉譜，當他彩繪著手中和善的面具時，在他臉上，也自然而然地出現了和善溫暖的神情。

阿凡提終於明白了，原來今天的「好臉色」，是因爲他這陣子做了許多微笑臉譜的關係，而半年前的「壞臉色」，則是因爲做了太多咬牙切齒、怒目相視的兇惡臉譜所致！

爲了揣摩各式各樣的五官表情，阿凡提的朋友會跟著製作的面具轉變臉色，這就是所謂的「相由心生」，當他心中揣測著各種情緒表現時，臉部表情自然而然地也被引入相同的「情緒表情」中。

所以，我們不時可以看見，樂天知命的人，即使生活環境再差，在他們的臉上仍然充滿了無限希望，即使將來未可預知，我們也可以知道他們終將擁有屬於自己的美麗人生。

相同的，當我們看見那些滿臉垂喪神情的人時，內心不僅受到影響，還會爲他們的未來感到擔憂。

看一看你的內心，正抱持著什麼樣的生活態度，因爲心怎麼想，你的生活會很自然地朝著心的方向前進。

命運好壞，就在你的方寸之間

希望命運能夠轉變，就別放棄自己的意志力和努力，因為那是我們的生活能量，更是我們改變未來命運的唯一助力。

很多人一遇到問題，總是不願靜下心來面對自己的問題，寧可相信占卜巫士的憑空捏造，一味相信謀事在天，卻不相信成事在人。

當命理師煞有其事，信口雌黃地論斷著你的未來命運時，在你心中出現的，是驚喜還是悲傷？

從前有一位相士，在看過一位比丘的面相後，便對他說：「比丘，我必須老實地告訴你，你這是個貧苦之相，所以你的一生必定是淒涼寂寞。」

沒想到比丘一聽，反而開心地說：「好極了！」

相士以爲這個比丘被刺激過頭，連忙安撫他，說道：「沒關係，我可以幫你改運。」

比丘搖了搖頭，笑著說：「不必改，出家人本來就應當安貧知足，所以，貧苦之相卻也是我道業成就之相啊！」

這時，有個人不滿地向相士咒罵說：「你這個臭相士，你說會幫我改運，怎麼我一點進展也沒有？」

比丘看著這個人，笑著問：「施主，您的人生是這位相士的嗎？」

這個人不屑地看著比丘：「當然不是了！」

比丘笑著說：「那不就是了，相士有自己的命運，你有你自己的人生，你看，相士都不能讓自己過富翁的富裕生活，只能當一輩子的相士，又如何能改變你的命運呢？」

你總是認爲自己是個「倒楣鬼」嗎？

如果是的話，那你恐怕眞的要一直倒楣下去了，因爲，在你心中將帶著這樣的「倒楣」念頭，一直生活下去。

故事中這位比丘的話語，無疑提醒著我們：「人生沒有絕對的命中註定，希望命運能夠轉變，就別放棄自己的意志力和努力，因為那是我們的生活能量，更是我們改變未來命運的唯一助力。」

溝通就是取好的互動

只需彼此用心，那麼就不會有冷戰的氣氛，更不會有翻臉無情的時候。好好地溝通我們的親情關係吧！

在衆多情感交流中，唯有親情最能接受時間與距離的考驗，因爲這是生命中最沒有利害關係的情感。

人類生活的眞正幸福，只有透過美滿和諧的家庭生活才能獲得。家，既是孩童成長的搖籃，也是成人的溫暖港灣，我們怎能不用心去經營彼此之間寶貴的親情呢？

有個男孩很小的時候便離家出走，獨自一人四處漂泊流浪，只是大家都不知道小男孩爲什麼會流浪街頭。

其實，當小男孩不見的時候，他的父親內心相當著急，只有這麼一個孩子的他，自從兒子失蹤後，他也離開故鄉，四處尋覓兒子的蹤跡，然而，他歷經千辛萬苦，卻仍然杳無音訊。

十幾年後的某天，這個已成年卻依然窮困潦倒的兒子，來到了父親旅居的城市裡。

有一天，父子兩人終於在街上相遇了。念子心切的父親，一眼便認出了親生兒子，他欣喜若狂，馬上叫傭人把流浪的兒子請回家中。

但是，這個男子完全不相信他們，還認爲其中藏有陰謀。

父親想了想：「這麼久不見了，孩子當然會懷疑。」於是，便對傭人說：「你告訴他，我願意以優渥的條件僱用他到家裡工作。」

兒子聽說有這麼好的工作機會，立即答應，並跟著傭人「回家」。男子在家中開始工作，但是他仍然不知道，這裡就是自己的家。慢慢地，他的父親一步步提拔他，最後更讓他掌管家中的一切財產。雖然父親如此重用他，但是男子仍然不知道眼前的「主人」，正是自己的父親。

看著誠實又努力的兒子，父親心中十分高興，畢竟兒子純良的本性並未改變。

當老人家年事已高，也自知不久於人世，便選定了一天，召集了所有的親朋好友，並當眾宣佈：「今天有一件很重要的事我一定要說明，你們聽著，他是我的兒子！我費了十多年的時間才找到他，從今以後，我所有的一切，都是屬於這個孩子的！」

聽見「主人」居然這麼說，男子吃驚地問：「你真的是我的父親？」

父親點了點頭，而男子則情緒激動地說：「沒想到，我還有機會看見我的父親，而且還獲得了一筆財產，這真是出人意料啊！」

故事中的父親，雖然心中急切地想與子相認，但又考量到兒子的感受與自尊，於是他努力地忍住了情感，慢慢地等待著兒子接受的一天，更靜靜地期待著與子相認的那天。

看著這對經歷千辛萬苦才幸運重逢的父子，在你心中，是否也激起了些許感動的漣漪？

回顧生活，我們又是如何與家人們相處互動呢？其實，親情溝通從來都不受時間的限制，所以沒有人可以拿時間來當藉口，一切只需彼此用心，那麼在同一個屋簷下，就不會有冷戰的氣氛，更不會有翻臉無情的時候。

好好地溝通我們的親情關係吧！如果，我們連最基本的親情都無法維繫，那對外的人際溝通恐怕也很難順暢了。

懂得付出，才會更加進步

前人種樹，不只能讓後人乘涼，還能提早連接未來！當我們努力要讓未來更加進步的同時，也提早享受了「進步」的過程。

當世界進入工業與資本主義社會之後，個人利益總是大於熾盛的結果利己思考群眾利益，人們只專注於私慾，而忘了對未來延伸關愛，更拋棄了對未來永續發展的責任感。

很久以前，有個官員到鄉下去巡視。

當他來到一個農村時，見到一位白髮老翁，正彎著腰種植松樹的幼苗。

官員看著老人家，心疼地問候著：「辛苦了，老先生！」

老先生看著眼前身穿官服的人，便放下鋤頭，鞠個躬，輕聲打招呼。

這位官員關心地問道：「您的年紀看起來已經不小了，現在種植那些幼苗還來得及嗎？」

老人點了點頭，滿臉溫和而堅定地說：「當然來得及！我們不該只爲自己打算，理應爲大衆著想，雖然我不能看見樹苗茁壯，變成大樹，但經過了五十年或一百年之後，我現在種的這些樹苗，我的兒子或孫子自然就用得著了。如果，我們都只想著眼前的事，卻不願好好地考慮將來，爲下一代著想，未來的社會又怎麼能進步呢？」

這位官員聽完之後，感動地說：「您說得眞是太好了，這些話眞是非常有道理啊！那些什麼老學究也不及您的宏觀，我剛才問的那些話，請你別見笑，謝謝您了，今天我眞是獲益匪淺。」

說完，他深深地對著老人家鞠了個躬。

當故事中的老先生彎著腰，努力植下新苗的同時，其實他也看見了自己的生命延伸，而我們也感受到一種無形卻眞實存在的新生命，不是嗎？

「目前都顧不及了，又如何念及將來？」這是許多人不願對未來負責的理由，然而有多少人知道，當你心中抱持著這樣的態度時，我們也預見了你的人生將會是「日復一日的自顧不及」？

其實，前人種樹，不只能讓後人乘涼，還能讓我們提早連接未來！

因爲，當我們努力地要讓未來更加進步的同時，我們也提早享受了「進步」的過程，不是嗎？

不怕犧牲才能成全自己

為了得到最好的結局，我們總是在「犧牲」與「成全」之間掙扎，只是最後的考量，總是期待別人成全，而不是犧牲自己。

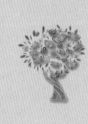

我們經常看見動物們的互助情感，無論是團結的力量、相互依靠的眞心，或是反哺的孝心，每一個小動作都蘊含了無限的生命意義，這些都是你我應當認眞體會與思考的。

不要讓腦袋只存在一個自己，生命的精采與美麗，是因爲有許多人願意與你互動，甚至是爲你犧牲。

在一個荒涼的原野裡，鹿王夫婦帶著一群小鹿，棲息於一個山洞中。

然而，好景不長，原以爲是個安樂居所的洞穴，卻在一個秋天的午后，被一個獵人發現了。

爲了捕獲獵物，獵人在洞穴附近悄悄地佈下了陷阱，靜靜地等待不知情的鹿王誤入陷阱。

這天，鹿王帶著小鹿們來到河邊飲水，就在這個時候，守在小鹿身後的鹿王，果然一不小心掉進了獵人的陷阱之中。

小鹿們看見父親被捉了，緊張地大聲鳴叫，四下逃竄，而陷在網子裡的鹿王也滿臉驚恐，當牠用力地咬著網子，企圖將網子咬破時，卻沒料到越是掙扎，網子反而越拉越緊。

這時，母鹿來到鹿王的身邊，焦急地鼓勵著丈夫：「別緊張，慢慢來，我會守在你身邊！」於是，母鹿就在丈夫的身邊守了一整天，一直等到獵人出現。

當獵人帶著笑容出現，準備帶走鹿王時，母鹿立即從另一邊跑了過來，獵人突然看見一隻鹿跑過來，害怕地退了兩步。

這時，母鹿也停下了腳步，開口說話：「仁慈的獵人啊！請您放了我的丈夫吧！如果您一定要捉牠的話，那麼請您捉我回去吧！因爲，我的孩子們得依靠牠，而我也不忍心看見牠這麼痛苦，求求您了。」

母鹿淚流滿面地對著獵人說，而獵人看見勇敢守候在丈夫身邊的母鹿，也深受感動，他驚奇地問：「牠是妳的丈夫？」

母鹿哭泣地回答說：「是的，牠是我丈夫，也是那群小鹿的父親，牠們還很小，非常需要父親！」

獵人看著苦苦哀求的母鹿，惻隱之心油然而生，更感動於母鹿的情真義重，於是他剪斷了網線，並享受了一份闔家團聚的感動！

在動物的世界，我們總是會看見毫不掩飾的情感表現，即使是弱肉強食的畫

面，我們也不覺得殘忍，反而會用「自然生態」來帶過。

之所以如此，是因爲我們相信動物們的簡單心思，我們會看見牠們對待身邊的同伴，無論是守候還是相互依靠，在牠們身上，我們從來都不會看見虛假的迎合，或是別有居心的對待，所以我們總是著迷於自然萬物的一切，一如故事中的野鹿情感。

爲了得到最好的結局，我們總是在「犧牲」與「成全」之間掙扎，只是人類最後的考量，總是期待別人的成全，而不是犧牲自己。

然而，不願付出，又如何能獲得完美結局？

心懷「犧牲」，結局不一定會眞的「犧牲」，就像故事中的母鹿，很多時候我們認眞付出，反而會爲我們帶來幸福的結果。

所以，當你總是等不到別人的回應，或老是抱怨別人從不爲你著想時，或許你應該好好地反省自己，是不是你從來只會等待人們的成全，卻不願爲別人付出？

慾求無度，只會增添痛苦指數

適度地給予自己一個慾望來激發人生，的確有其正面意義，只要別過度縱慾，我們就不會被慾念迷惑，不會迷失生活的方向。

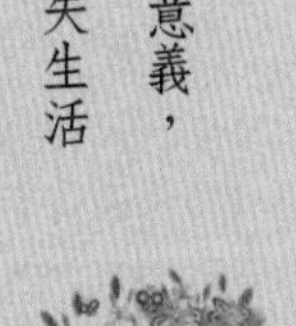

幽默作家蕭伯納曾經在著作中寫道：「世上許多人在財富名利中浮沉，只有甘於平靜生活，知道生存即幸福的人，才真正進入天堂。」

人不要汲汲營營於物質條件的豐厚，而要追求精神層面的快活。那些一味追求財富名位，看似活得風光體面的人，很多時候，只不過是用一個又一個慾望來增添自己的負擔罷了。

我們經常會被慾望所迷惑，在狂歡的日子中忘了痛苦的另一面，在富裕安逸的生活中忘了隱藏的危機。

有位比丘尼在森林中遇見了一隊商人，此時太陽西照，商人們決定在這兒露宿，雖然比丘尼也想要在這裡休息，但是卻沒有與商人們攀談，而是來到距離商隊不遠處徘徊踱步。

這時，森林的另一端忽然出現了許多山賊。

原來，他們打聽到森林裡將有商隊經過，便計劃對他們下手。

但是，當他們靠近營隊時，卻看見一個人在營外漫步，以爲商隊有所準備，於是他們重新計劃，決定要等到夜深時分再動手。

不過，營外巡迴的人卻通宵站立，沒有入營休息，直到天色漸亮，山賊因爲無機可趁，只能氣憤地大聲怒罵離開。

山賊咒罵的聲音過大，把熟睡的商人吵醒了。他們連忙趕了出去，遠遠望見一群山賊手執刀棍往山上跑去，而營外卻站立了一位出家人。

商人驚恐地上前問道：「大師，您有看見山賊嗎？」

「是的！早就看到了。」出家人回答。

商人又問：「面對那麼多的山賊，您怎麼不害怕？您獨自一個人怎麼敵得過他們呢？」

出家人和氣地回答說：「呵！會害怕山賊的都是些有錢人，你看我，衣著如此寒酸，需要擔心什麼？山賊要的是金銀財寶，而我身上一樣値錢的東西都沒有，何需恐懼？」

比丘尼的這些話如醍醐灌頂，令商人們有番深省，暗自思索：「如此不實在的金錢，大家卻拼了命要取得，而眞實自由自在的平安生活，我們卻視若無睹，這樣的人生對嗎？」

忽然，商人們全跪了下來，虔誠地對著比丘說：「師父，請讓我們追隨您修習佛法吧！」

生活上，人人都希望豐衣足食，希望能快樂享受，然而人的內心有那麼多的慾求，確實很難一一滿足，所以故事中的比丘尼認爲：「簡單樸實，是自由自在的生活要訣！」

要讓人們完全沒有慾望，確實是件很困難的事，更有人認爲，正因爲他們心中有了這些慾望，生活才會充滿了積極動力。

其實，每件事都不會是絕對的，所以，適度地給予自己一個慾望來激發人生，的確有其正面意義，只要別過度縱慾。節制自己的慾望，我們就不會被慾念迷惑，不會迷失生活的方向。

8.

眞心包容
就是最好的互動

我們也可以為自己尋求更多的避風港，
只要對人多付出一些真心。
當你能包容別人時，
人們自然也非常願意包容你。

改變態度就能改變人生

只要心中充滿歡樂，樂觀的想法就會在歡樂的氣氛中慢慢展開，快樂的人生也就在樂觀的想法中慢慢形成。

日常生活中，我們經常看見樂觀的人與悲觀的人。或許你也會想，爲什麼有人就是能那麼開心，有人卻總是哭喪著臉？

世界一直都沒有多大的改變，許多事物之所以看起來不一樣，只是每個人觀看時的心態不同罷了，樂觀的人總是看到樂觀的一面，而悲觀的人也總是看到悲觀的一面。

這天下午，馬德來到一間珠寶店選購飾品，爲了舒服地挑選珠寶，便將隨身帶的包包放在旁邊。

不久，有個衣著講究、儀表堂堂的男子，朝著馬德站立的櫃台走了過來。這時馬德禮貌地拿起了包包，讓出位子給這位男子站立，但是沒有想到，這個小動作卻惹惱了對方。

只見這個男子微慍地說：「先生，您放心，我是個相當正直的人，絕對不會偷您的包包。」

在馬德還搞不清楚狀況時，這個感覺自己「受到屈辱」的男子立即轉身，走出了珠寶店。

站在馬德身邊的經理，笑著對他說：「我們知道你是無心的，那是他看世界的角度，再多的解釋也沒用。」

馬德明白地點了點頭。

在這件事之後的星期一早上，一覺醒來的他，因爲一想到又要在單調無聊的工作中度過一天，心情頓時又跌到谷底。

當他塞在車陣中，緩慢地朝著市中心前進時，耐不住性子的他，怒火越燒越旺。最後，他獨自在車廂內破口大罵起來：「搞什麼鬼！爲什麼世界上有那麼多笨蛋能拿到執照？這些人不是開得太快，就是像烏龜走路一樣，眞該吊銷他們的執照！」

這時，路口有一輛大卡車開了過來，馬德心裡猜想：「這個沒水準的傢伙一定會直衝過去！」

但是，就在他用不屑的眼神，盯著旁邊的大卡車時，卡車司機居然把頭伸出窗外，並滿臉笑容地朝著他揮手。

這時，馬德猛然想起珠寶店經理說的那番話，並仔細回味著卡車司機的笑容，心胸豁然開朗起來。

就在這一刻，馬德的心情完全改變，因爲他知道：「人們因爲態度與角度的不同，才會讓相同的世界有著不同的面貌！」

美國一家專賣甜甜圈的店門口，掛著這樣一個招牌，上面寫著：「樂觀者和悲觀者的差別是：樂觀的人看見的是美味的甜甜圈；而悲觀者看到的卻是甜甜圈上的洞。」

就像甜甜圈的理論，我們看見的事物，往往不是事物本身的樣貌，而是我們心中所想的。我們希望尋求什麼樣的東西，那麼，最後便會看見那個東西，即使你我所看見的東西是相同的。

你希望擁有快樂的人生嗎？

請先大笑幾聲吧！只要心中充滿歡樂，樂觀的想法就會在歡樂的氣氛中慢慢展開，快樂的人生也就在樂觀的想法中慢慢形成。

真心包容就是最好的互動

我們也可以為自己尋求更多的避風港，只要對人多付出一些真心。當你能包容別人時，人們自然也非常願意包容你。

德國詩人作家歌德曾經這麼說：「人生最大的幸福與最豐富的收穫，乃是心地善良而活得快活。」

生命的運行原理其實很簡單，只我們願意給予，在我們的背後自然會出現另一個支持的力量。

這是泰迪備受肯定的畢業祝福，老師在卡片上面寫著：「泰迪非常聰明可愛，將來一定是個很有前途的孩子。」

然而，在此之前，泰迪的生活卻充滿著不愉快。

在他二年級時，媽媽因病去逝，小泰迪突然失去了最愛的母親，精神變得恍恍惚惚，一顆心彷彿也被帶走了。

那一年，老師在他的成績單上寫著：「學習能力差，反應遲鈍。」

可憐的泰迪全完變了，每天髒兮兮的他，目光中總是散發著挑釁，也沒有人願意理睬他。三年級時，他的班上換了一位新老師，史密斯小姐。剛開始史密斯小姐也沒有特別關注泰迪，但是，她卻不經意地做了一件小事，這個小動作讓泰迪的人生，從此完全改變。

就在聖誕節的這天，依照慣例，每個孩子都會送史密斯小姐一件小禮物，並開心地圍著老師，一件件地將禮物打開。就在這堆包裝精美的禮物中，她卻看見一個用舊包裝紙包著的小盒子，這正是泰迪送的禮物。史密斯小姐打開一看，裡面是一只舊的假玉鐲，上面甚至已經出現裂痕，另外還有一瓶快用完的香水。

其他的小朋友看了，都忍不住發出嘲笑的聲音。但是，史密斯小姐卻高興地戴上手鐲，並且把那剩餘的香水朝著空中噴灑。

她笑著說：「哇，多麼美麗啊！你們覺不覺得？」

孩子們看見老師這麼開心，也歡樂地說：「好香啊！」

聚會結束，小朋友們紛紛回家了，最後教室裡只剩下泰迪還站在那裡。

「還有什麼事嗎？」史密斯小姐問。

泰迪眼眶中含著淚，小聲地說：「謝謝您！手鐲是我媽媽用過的，您戴上它非常漂亮！香水也是我媽媽用過的，現在，您聞起來就像媽媽一樣。」

從此，泰迪整個人完全變了。幾年以後，史密斯小姐收到泰迪寄來的第一封信：「親愛的史密斯小姐，我以第一名的成績畢業了，希望您能參加我的畢業典禮，愛您的泰迪。」

親愛的史密斯小姐沒有令泰迪失望，從此，史密斯小姐每隔幾年就會收到一封信：「親愛的史密斯小姐，我以第二名的成績考取了醫學院，希望您能來參加我的入學典禮，愛您的泰迪。」

「親愛的史密斯小姐，我現在即將成爲一名醫師了，如果您能前來參加我的畢業典禮……」

「親愛的史密斯小姐，下周二是我結婚的日子，如您能光臨……」

很溫暖的一則小故事，在這個充滿對立與攻訐的環境中，看見這麼一個人生的小插曲，心中更是充滿羨慕與感動。

但是，我們要如何才能與人這樣無私與眞心的接受與互動呢？

史密斯老師很清楚地告訴我們：「教育不只是一份工作，因爲每一位學生都是我的孩子！」

在面對子女與父母時，每一份付出與接受都是心甘情願的，鮮少有人會摻雜私利的要求，因爲，家是我們最好的避風港。

然而，我們也可以爲自己尋求更多的避風港，只要對人多付出一些眞心。當你能包容別人時，人們自然也非常願意包容你。

不要成為追逐流行的複製人

我們不需要老是「向別人看齊」，更不要受制於流行的迷惑，成了一個個複製沒有自我的人。

俄國文豪高爾基在《我的大學》一書中寫過一段警句，提醒我們不要盲目地追逐世俗的流行與外在的虛榮。

他說：「我們的生活和福音書已經相差太遠了，生活正走在自己的道路上。」

生活應該是自己內心活動的眞實投射，無法靠外在的附加品來提昇內在的價值，可是許多人卻忘了這個簡單的道理，不曉得減輕沒有必要的負擔，反而讓自己活得既虛幻，又充滿沉重壓力。

在商業掛帥的今日，透過流行的推波助瀾，越來越多人就像複製羊一樣，只想從一模一樣的動作裡，塑造出另一個一模一樣的生命體。

千萬不要讓生命只剩下一只空殼，即使是買一部新車，你需要的只是一個方便代步的目的，而不應該是爲了與人比較身份地位的替代品。

因爲，不管用多少物品來附加你我的價值，生活都不會因此而變得更好，甚至反而會成爲生活的沉重負擔。

作家范西．培卡德在《爭名奪利》一書中描述過一段自己的經驗。

一九五八年，培卡德參加芝加哥舉辦的建築商大會，在會中，聽見一位從事房地產買賣的朋友說，他與助理們曾在八個城市裡，進行過四百二十一次的深度訪問。

這項調查的目的，是希望了解人們在購買房屋時，會以什麼作爲考量。

培卡德問他：「結果如何？」

朋友說：「我發現，許多中年人在買房子時，都希望爲自己買一棟，具有『成功』象徵的屋子。」

培卡德好奇地問：「具有成功象徵的房子？那麼你要如何推銷『成功象徵的房子』？」

朋友笑著說：「我會在出售房子時，增加一點『派頭』，來吸引這些希望獲得尊重的人。」

他繼續解說：「關於這一點，許多房地產專家近年來也都提出過意見，他們主張，用一點身份地位的象徵，來吸引購屋者的認同。他們還提出過實際方法，例如，利用法文，來增加類似歐洲貴族的尊榮。不久，房地產業者果然在廣告中，開始使用法文。」

現代人所追求的成功，已經不再是日積月累的尊榮，而是華而不實的虛榮，許多人注目的也不再是企業家白手起家或努力經營的過程，而是光看一個人的財富與名氣。

把虛榮當作尊榮，連尋找生活的價值也充滿著「跟風」的情況時，人們就會像故事裡的隱喻：「不要以為你真的成功了，你只是被廣告商所誘騙。如果你對自己的人生價值，只懂得從這些『派頭』上來獲得，那麼，成功的人永遠都不會是你！」

我們不需要老是「向別人看齊」，更不要受制於流行的迷惑，成了一個個複製沒有自我的人。每個人都應該有自己認定的價值方向，你可以過自己的生活，更可以選擇自己的生活方式，只要你願意。

眼睛就是心境的反映

每個人都有一對記錄人生的雙眼鏡頭，倘使不想讓鏡頭裡記錄的全是不愉快的畫面，那聰明的你就應該懂得如何取材。

每個人都有一對明亮的雙眼，可以欣賞美麗世界，也可以觀看灰暗人間。一切都取決於這對眼睛的擁有者，希望讓自己動人的雙眸看見什麼樣的世界。

每個人的心中也都有一面鏡子，它最大的功能就是要照映自己，看看我們有沒有走偏了人生的路，或是用錯了生命態度。

如果，今天我們看了一部很爛的影片，相信沒有人會想再看第二遍。

然而，很諷刺的，很多人卻喜歡在自己的心中，不斷地重複放映那些讓自己心情變差的生活爛片。

小敏與阿瑛就是兩個不同的例子，她們很喜歡一起參加聚會，也很喜歡帶著相機或攝影機記錄生活的點點滴滴。

然而，當人們向她們借來欣賞時，每個人都發現，在小敏的影片裡總是缺乏歡樂感，而阿瑛的則完全相反。

就像某天的家庭聚會中，小敏拍攝到的畫面是一對滿臉愁容的面孔，即使宴會中充滿著愉快的樂音，小敏大半的焦點，全放在夫妻吵嘴的畫面。

小敏還失望地說：「唉，這個聚會都被他們破壞了，眞糟糕！」

但是阿瑛卻完全不同，她在每一個角落裡，補捉到人們的大笑畫面，與不斷朝她揮手致意的人。

許多人開心地向她打招呼，更有人上前與她熱情擁抱。

阿瑛笑著說：「哇，這場宴會眞是愉快！」

透過攝影機捕捉到的鏡頭，就是我們心境的反應，人們用什麼樣的心態面對生活，就自然而然地表現在生活的面貌之中。

就像天空飄過了一片烏雲，有人會這麼想：「唉，世界這麼悲慘，連老天爺都爲之掉眼淚！」可是，也有人會這麼說：「好哇，快下雨吧！把我昨天的煩惱與不快，全部沖洗掉吧！」

理性的人很容易抑制自己的某些情感，感性的人則容易受到外在環境影響，然而不管你是怎麼面對人生，有一件事你一定要知道，那就是每個人都有一對記錄人生的雙眼鏡頭，倘使不想讓鏡頭裡記錄的全是不愉快的畫面，那麼，聰明的你就應該懂得如何取材。

生活真的可以快樂一點

生活中什麼狀況都可能發生，我們無法提早預料，也不可能完全預防，但是我們可以預先準備好面對的心態。

樂觀的人因爲心境時時處於愉快狀態，所以生活處處都有著歡樂，相同的，悲觀的人因爲容易陷入憂鬱狀態，所以時時爲了小事苦惱。

其實，不管遇見什麼倒楣的事，只要你設法減輕壓在心頭的那些重擔，生活就可以可以快樂一點。

心理學家說，抗拒憂鬱的最佳藥方，就是每天大笑三聲。

當世界各地不約而同出現教導人們大笑的課程時，或許你也發現，自己似乎很久沒有笑過了。

是你原本就不喜歡「笑」，還是因爲太專注於競爭，讓「笑」的功能慢慢地退化了呢？

有一對小夫妻剛渡完假回來，到家時已經是半夜三更。兩個人累得行李都沒拿，便空著手回到房間，而且是一倒頭就呼呼大睡。

第二天醒來時，他們這才想起行李還放在車上，想拿下來整理，但是，當他們來到車庫時，居然找不到車子的蹤影。

車子不見了，雖然有保失竊險，但是渡假拍攝的精采照片與妻子購買的紀念品，也跟著車一起消失了。

妻子垂喪著臉，難過地說：「怎麼會這麼倒楣呢？早知道，昨天晚上先把東西拿下來就好。」

丈夫看著極度沮喪的妻子，安慰她說：「別難過了，我們還有很多快樂回憶啊！無論如何，車子是不見了。但想起昨天的快樂，我們不如繼續保持這個心情，別被這件事給影響了。生活可以快樂一點，是吧？」

妻子聽了丈夫的話，覺得很有道理，立即轉憂爲喜，還帶著愉快的心情，與丈夫一同到警局報案。

不久，車子被找回來了，雖然車身被磨損得傷痕累累，只是行李箱等東西全部還在。小夫妻立即前去認領，並開心地把車開回家。

但是，就在回程的途中，一個不小心卻撞到了別人的車，這會兒車子不僅傷得更重，還有一筆賠償要付。這次，換丈夫沮喪了，懊惱地自責說：「怎麼開車這麼不小心呢？」

妻子看見丈夫這個情況，忽然心生一念，笑著說：「老公，沒關係啦！沒有人受傷就好，想想我們失而復得的一切，生活眞的可以快樂一點喔！」

丈夫看著妻子，忽然大笑著說：「是啊！快樂一點！」

就在這片笑聲中，夫婦倆把破車送進了修車廠。

多麼可愛的一對小夫妻，願意相互解開對方的心結，化解不愉快的生活插曲。相信你也跟我一樣，預先看見他們幸福到老的畫面了吧！

生活中什麼狀況都可能發生，我們無法提早預料，也不可能完全預防，但是我們可以預先準備好面對的心態。

即使不小心掉進了水溝裡，我們也可以笑著說：「不好意思，今天又忘了把眼睛帶出來！」

快樂生活的技巧眞的很簡單，只要像這對小夫妻一樣，抱著一點「樂天知命」的生活觀，快樂自然能天天降臨。

與其煩惱，不如睡個好覺

只有不斷煩惱與擔心的人，每天才會不斷遺漏與犯錯。如果你不想再過失眠的夜，心情就放輕鬆一點。

當你偶而陷入消極與無安全感之中時，你是否曾注意到，爲了結束這一個思緒，你會更加全神貫注，沉浸在心煩意亂的種種細節中，然後你的生活也就跟著變得越來越糟。

阿正經常抱怨：「唉，我一天居然要打五十多通的電話，都快把我煩死了。

爲什麼我會這麼忙碌呢？有誰像我這樣呢？」

心煩不已的阿正，對著前來拜訪他的友人這麼說。

然而，朋友卻對他說：「嗯，其實你可以不必這麼忙的！」

阿正看著朋友，一副不敢相信的臉，說道：「喂，你應該安慰我的，爲何還要這麼嘲弄我？」

朋友笑著回答說：「我沒有嘲諷你的意思啦！我是認眞的，因爲，我又不是第一天認識你。如果我猜得沒錯，你一定又犯了『今日事，明日畢』的毛病了，是吧？」

「我……」

阿正準備辯駁，卻被朋友打斷：「還有，你一定每天都有擔心不完的事，滿腦子的憂慮與不安，心煩氣躁地生活，日子過得很不愉快，是吧？」

阿正滿臉尷尬地說：「其實，我已經盡力了。」

阿正垂著臉，滿臉憂愁地說：「唉，我也不知道爲什麼，每天都有好多煩惱的事湧上心頭。半夜裡我會想起早上遺漏的事，然後，爲了讓明天不再有任何遺漏，我一夜失眠，仔細思考明天要做的事。然而，到了第二天，我仍然有事情會忘記。」

老朋友聽完阿正的煩惱，安慰他說：「朋友，不要讓你的思緒擾亂了你的正常生活！如果你擔心忘記，何不倚賴紙筆呢？每天把第一個要進行的事記下來，即使半夜想起，你也只需寫下來，然後安安穩穩地去睡覺。把明天的事留給明天，你才不會被煩惱佔滿你的生活啊！」

相信大家都有一個相同的經驗：要打幾個結很容易，然而想解開這些「結」，就比較困難。特別是經過一段拉扯之後，即便是幾個小糾結，也都要變成幾乎無法解開的死結。

這就像阿正一樣，當一個小煩惱出現，他沒有立即想出解決的方法，反而不斷地給予自己負擔：「怎麼辦，今天忘了撥這通電話了，不知道會怎麼樣？如果我今天記得就好了……」

只有不斷煩惱與擔心的人，每天才會不斷遺漏與犯錯。這樣的人總是舊結還未解開前，又重新給了一個新結來。直到結已經把原本筆直的一條繩子，弄成了一團糾結之後，想拆開就要費很大一番工夫了。

如果你不想再過失眠的夜，心情就放輕鬆一點。害怕忘記的話，現在就拿起紙筆，記下昨天的遺漏與明天的重點吧！

畢竟，昨天的遺漏都已經成爲事實了，再多的懊惱與後悔也無濟於事，現在我們唯一能做的，就是把事情記下來，並好好地睡一覺。那樣我們才能帶著飽滿的精神，好好地把握明天的補救機會。

別讓不愉快的記憶成為生活的阻力

當生活中的記憶成為前進的阻礙時，或許你應該重新審視自己的生活，是否被一些不必要的記憶干擾而停滯不前。

希望生命能無窮無盡地探索下去，就要學會「遺忘」，我們不必把遺忘視爲令人畏懼的疾病，而要把它視爲生活的調節機制，就像奧戴爾所說的：「記性不好的人，對生活永遠都感到新奇有趣，而且充滿活力。」

其實，我們的記憶就像靜止的水池一樣，假如你沒有經常去整理清潔，而讓垃圾或青苔不斷地累積，那麼水池自然要發出惡臭，孳生惱人的蚊蟲和害人的病菌了。

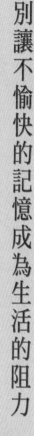

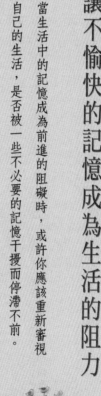

雅各是個記性很好的人，就算幾年前的事，他都能如數家珍。

然而，在他腦海裡的記憶裡，保存的並不是生活的樂趣，而是每一次傷心或受傷時的恐懼。

今天大家正在商議要到某個沙灘遊玩。話題才剛開始，就已經有人開始在讚嘆：「好哇，好哇，記得那年我們去時，天空超藍的！」

「我也記得！」當雅各也發出聲音時，每個人都微笑地看著他。但是，沒想到雅各接著卻這麼說：「當時，你還差點淹死呢！」

當雅各的話一說完，每個人的笑容全都收了起來，討論也因爲氣氛變得尷尬而草草宣告結束。

一位朋友來到雅各的身邊，對他說：「爲什麼你就不能記點快樂的事，一定要記住陰暗的一面呢？」

在「記住」與「忘記」之間，你喜歡做什麼樣的選擇？

每當我們看見有人爲了一些不愉快的記憶，而苦悶地過日子時，都會安慰說：「忘了吧！」

把什麼事情都往腦袋裡塞的人，生活一定很不快樂。

他們一定也會像雅各一樣，經常在愉悅的氣氛中說出掃興的話。

或許，他們會辯解說：「我是爲你們好啊！」

但是，當小心翼翼地記住這麼多雞毛蒜皮的小事，增加自己的腦力負擔、心理負擔，生活又怎麼快樂得起來呢？

沒有「遺忘」一些不必要的事，我們又怎能有空間容納眼前的美麗？

我們不必像記憶力超強的人一樣，無時無刻都能引經據典，也不是非得援用過去的事實，來佐證今天的現況。

因爲，生活不在過去，只在眼前，我們只需要眞實的生活感受，自然直率地說出我們的見解，那就已經是最好的生活理念。

健忘型人物，之所以讓人喜歡的原因，並不是因爲他或她「傻」，而是面對許多小事情，他們總是會哈哈大笑地說：「哇，我又忘了！」

然後，在這一陣陣的笑聲中，他們獲得了諒解，而我們也更加喜歡他們的粗線條和沒有心機。

有位知名的喜劇演員曾經這麼說：「我一直都這麼開心，而且是台上台下都一樣，因為生活沒有必要不開心啊！當然我也會遇到不開心的事，不過下一秒我就忘了。」

當生活中的記憶成爲前進的阻礙時，或許你應該重新審視自己的生活，是否被一些不必要的記憶干擾而停滯不前。

有些事不必太過樂觀

只要不是過度悲觀，那麼悲觀便會刺激我們的危機意識。

不必一味朝著好處張望，就讓悲觀與樂觀同時存在吧！

凡事都有兩面，悲觀不見得就是壞事，太樂觀也不一定是好事。只要我們知道在悲觀、樂觀之間如何轉換取捨，偶爾悲觀一點，反而能擁有更多的驚喜。

有一天，小懷特來到公園裡，看見有個人在表演特技。

人們正聚精會神地看著這個人，只見他手腳靈活地將胡桃殼在桌面移動，當動作停止時，他問：「你們猜，哪個空殼裡有一顆豌豆呢？」

懷特看了看，忍不住喊道：「說不定全部沒有！」

表演者聽見小懷特這麼說，認爲他故意搗亂，生氣地說：「你這個孩子，長大後一定是個悲觀主義的小鬼！」

被責罵的小懷特，發現大家的目光全聚在自己身上，再也待不下去，只好吐了吐舌，轉身離開。

長大一點後，懷特想起了那個表演者說的「悲觀主義」，於是找來字典查閱，發現上面註解著：「悲觀主義的人，凡事都往壞處想，並習慣把結局預料成不好的結果。」

懷特點了點頭，說道：「嗯，我是這樣的人，不過這沒什麼不好。」

朋友不解地問：「怎麼會很好呢？你不覺得那樣很辛苦嗎？」

懷特笑著說：「你從來沒見過我的笑容嗎？」

朋友無語地看著他，懷特繼續解釋：「我倒覺得，我們悲觀主義者的生活，比起那些過度樂觀的人快樂多了。」

朋友懷疑地看著懷特，只見他側著頭問：「你有過失望的經驗嗎？」

朋友點了點頭，懷特抬直了脖子，笑著說：「就是這個問題啊！像我每次搭飛機時，口中總是唸唸有詞，就像即將有場生離死別似的，但是當飛機安全底達目的地時，你一定無法想像那一刻的我，心中有多麼大的激動與感動，每經歷一次，我就更加珍愛自己呢！」

只見朋友的眼神飄開了，他覺得這太牽強了，根本不能說服人。

「好吧！不知道你記不記得去年的那場火災？」

朋友說：「記得，那有什麼關係？」

「人無遠慮，必有近憂。每當我看見火時，都會忍不住揣想著火災的情況，我常想，失火時我該怎麼辦，是拔腿就跑還是暈倒，或是可以有更好的因應方法？於是，在這些預想的過程中，我想出好多解決方法。而去年的那場火災，居然讓這些方法真的派上用場，我不僅救了自己，也救了家裡的每一個人。如果，今天是個樂觀的人，一定這麼想：『這種倒楣事不會發生在我身上的。』然而一旦事情發生了，他們幾乎都手足無措，呆立現場。」

最後，懷特對著聽得出神的朋友說：「或許，這是因爲我擔心樂觀後的失望，所以寧願選擇悲觀後的驚喜！」

就像懷特說的，因爲害怕期望過高而失望過重，所以他選擇先悲後樂。

或許，有人會大大反對這樣的論點，但是，如果悲觀主義能讓人更懂得知足的話，那悲觀未嘗不是件好事。

只要不是過度悲觀，那麼悲觀便會刺激我們的危機意識，提前做好應變措施。不必一味朝著好處張望，就讓悲觀與樂觀同時存在吧！

在樂觀前進時，我們可以多點保留，萬一未如預期，我們也才不會重重地跌落，一蹶不起；因爲你早有準備，只要未如預期，下一個全新企劃就可以立即接應、展開。

看淡得失就能心滿意足

純粹的快樂並不易獲得，除非我們能看淡得失，能夠不再在意人們的目光，能夠懂得「心滿意足」的真正意義。

你不快樂嗎？又爲了什麼事而不開心呢？是因爲沒有達到人們的要求而垂頭喪氣，還是覺得自己的事業成就和物質享受不如別人而沮喪呢？

其實，只要我們願意反身自求，不再馬不停蹄地尋找外在的快樂，你就可以看見快樂。因爲，在每個人的身上早已蘊含著豐富的快樂資源。

據說，上帝創造人類之後，準備再賦予他們快樂元素時，與天使們開了好久的會，一直無法決定要把快樂放在什麼地方。因爲，他們提出的享受快樂的條件是：「我們要把它放在人們可以輕易發現，卻又不是那麼容易獲得的地方。」

有個天使說：「不想讓他們太容易獲得的話，不如放在高山上吧！這樣他們可以很輕易地知道快樂在什麼地方，卻又不是那麼容易得到它。」

但是，上帝卻搖了搖頭。

另一位天使提出另一個建議：「不如把它放在海洋的深處吧！如此一來，人們想獲得它，恐怕得費盡心力了。」

上帝聽了之後，還是搖了搖頭。

這時，有個小天使從雲朵裡探出了頭，開朗地說道：「放在人類的心中吧！因爲，人們習慣往外尋找自己的幸福快樂，很少有人會從自己的身上，挖掘出快樂的秘密。」

上帝轉身看了看這個可愛的小天使，笑著說：「就是這樣了！」

從此，幸福快樂的秘密便藏在每一個人的心中。

就像小天使所說的，許多人習慣往外尋找快樂，以爲可以用狂歡或購物來滿足自己。但是，當狂歡結束，金卡也刷爆了，看著滿屋子的彩帶與精品，不妨問一問自己：「我的心滿足了沒？」

法國思想家蒙田有一句話正好說明了這一切：「純粹、沒有任何摻雜的快樂，高於一切用各種方式獲得的快樂。」

這份純粹的快樂並不易獲得，除非我們能看淡得失，能夠不再在意人們的目光，能夠懂得「心滿意足」的眞正意義。唯有如此，我們生命中的每一天，才可以像小畫眉鳥一樣快樂高歌，而且只爲自己歌唱。

9. 不要用破壞的方式追求滿足

不必禪悟佛說，
每個人都懂得什麼是犧牲的真諦，
只要我們知道什麼叫做愛，
知道該怎麼表現心中的無私大愛。

不違法理，堅持自己的原則

待人處世要能站穩腳跟，凡事更要謹守既定的法理原則，才不會落人口實，也才能坦蕩前進，贏得更多的支持。

不要用情感來做決定，「法理情」才是解決問題的最方法，只要能站穩法理的基本規則，人性情感自然能得到呵護、關照。

因爲，在關鍵時候還能堅持原則的人，多數能捉住問題的核心，並能迅速將問題解決，這不僅是判斷一個人處事能力的重要依據，更是發現其道德水準的重要根據。

美國前總統喬治．布希是個謹守原則的人，只要他堅持一就是一，沒有任何商量的餘地。

一九八一年，當時身爲副總統的布希正準備飛往外地。

然而，就在出發不久後，他突然接到國務卿海格從華盛頓打來的電話：「出事了，請你儘快返回華盛頓。」

緊接著又過了幾分鐘，傳來一封密電，竟是雷根總統中彈的消息，同時也通知他，總統正在華盛頓大學醫院的手術室裡急救。

飛機調頭飛往華盛頓，當飛機在安德魯斯著陸前四十五分鐘，機上的副官約翰．馬西尼中校來到前艙，準備降落。

就在飛機緩緩下滑時，中校突然對副總統說：「如果我們按照常規，在安德魯斯降落後得再換乘海軍陸戰隊的直升機，然後再飛到副總統住所附近的停機坪，接著才能駕車前往白宮。這恐怕要浪費許多時間，不如我們直接飛往白宮，您認爲如何？」

布希聽完中校的報告與建議，考慮了一下，仍堅持按照常規行事。

中校聽見副總統仍然要依照原來行程，忍不住又提醒：「但我們到達時，市區正值交通高峰期，街道上的交通肯定會很擁擠，那恐怕會多耽誤十到十五分鐘的時間。」

沒想到，了解情況後的布希，仍然堅持著：「也許會這樣，但我們仍然必須堅守規則。」

馬西尼中校點了點頭說：「是的，先生。」

布希發現馬西尼中校似乎困惑不解，於是他解釋說：「約翰中校，只有總統才能在白宮的南草坪上著陸啊！」

原來，身爲副手的布希堅持著這麼一條原則：「美國只有一個總統，而副總統不是總統。」

中校也聽明白了，原來布希堅持的，是總統與副總統之間的互信基礎與相互尊重的禮儀，這也正是布希成功的重要原因。

堅持不等於固執，「堅持原則」最重要的意義，就像布希副總統所表現出來的：「絕不踰越法理常規，更不能為了打破常規而找尋藉口，凡事都要合乎法理，即使情況再特殊，我們都應謹守自己的本份。」

看著布希副總統的堅持，相信有許多人看了都不禁要感到慚愧吧？反省自己，一件件爲了飽足私利的投機取巧，反省我們，曾經爲了鑽漏洞所推出的藉口，然後我們也發現了，因爲腳跟始終沒有站實，而讓自己一次又一次地挫敗的事實，從中我們也再次領悟了「凡事要問心無愧謹守本分」的重要性。

從故事中，我們再次想起了長輩們所耳提面命的：「待人處世要能站穩腳跟，凡事更要謹守既定的法理原則，如此一來，我們才不會落人口實，也才能坦蕩前進，贏得更多的支持。」

真誠的謝意就是最好的回報

懂得什麼才叫無價的人，必定能看見隱藏的誠摯心意，從中享受到生活上真正的快樂與滿足。

無論是得到別人的幫助，還是我們伸手助人，在互助的交往過程中所激起的火花，究竟是暗淡無光，還是燦亮無比，全看我們用什麼樣的角度看待，又用什麼樣的心態去行動啊！

有位樂善好施的醫生，今年來到了一個極其偏遠的村落行醫。在這個多數是貧苦人家的小村莊，醫生努力地幫深受病痛之苦的村民醫治，而且分毫未取。

其中，有位感恩圖報的村民，爲了感謝醫生的善行，花了三天時間的路程，將一捆柴挑到城裡，送給這位善良的醫師。

他激動地對醫生說：「先生，謝謝您救了我的親人，這些柴大約有一個月的量，不夠時我會再送來，謝謝您！」

醫生看見地上的大捆柴，笑著說：「好，謝謝你，不過，你以後別再送任何東西來了，因爲很多東西我是用不到的！」

村民告辭之後，有個同事忍不住笑著說：「那傢伙眞是個鄉巴佬，我們城裡哪用得著這些東西，眞是白費工了。」

醫生正感動地看著那一大捆乾柴時，竟聽見友人如此嘲諷，搖搖頭說：「他沒有白費！」

醫生說：「這是我行醫的生涯中，收到最珍貴的禮物！」

醫生泛著淚光，再對友人說：「捆在柴裡的誠意是無價的，那將是我人生中第一筆新添的無價財富。」

生活中最珍貴的東西，從來都不是金錢或物質，因爲這些可以評估辨識的物件，無論價格多高，始終都會有個定數，這些東西與故事中醫生所收到的「感謝心意」是無法比擬的。

在一報還一報的人際規則裡，不應該抱著「還完了事」的態度，而是要有眞情待人的感恩心。

畢竟，當人們也以一種「還完了事」的態度時，我們不僅感受不到對方感謝的誠意，更會因爲人們用金錢或物質的回報，讓原本蘊涵在交流過程中的情感，慢慢地逝去。

所謂「千里送鵝毛，禮輕情義重」，一捆柴看起來也許寒酸微薄，然而就像故事中的醫生，懂得什麼才叫無價的人，必定能看見隱藏於木柴裡的誠摯心意，從中享受到生活上眞正的快樂與滿足。

不要用破壞的方式追求滿足

不必禪悟佛說，每個人都懂得什麼是犧牲的真諦，只要我們知道什麼叫做愛，知道該怎麼表現心中的無私大愛。

也許因爲人類太過聰明了，以致於經常用破壞的方式來滿足自己，更忘了與我們身邊息息相關的一切和平共處。

當臭氧層越破越大，當地球溫室效應越來越劇，當人們越來越無法適應環境時，我們是否應該認眞思考，放下心頭沈重的慾念，從自然定律中，重建我們的生活態度呢？

「象腳花瓶」出自於一個世界著名的獵人之手。

那年，這個獵人來到象群們必經的原野上狩獵，看見了一對母子象，正在原野上漫步步。

他鎖定了母象，先是開了一槍，沒想到竟沒有射中，反而驚動了象群，只見這對母象和小象，忽然慌張地奔逃起來。

但就在這個時候，獵人發現母象的速度變慢了，於是他再次瞄準目標，又補了一槍。

就在母象倒下之前，獵人這才發現，原來母象之所以速度變慢的原因，竟是爲了小象，因爲牠的孩子還小跑不快，而先前的吼叫聲，似乎是催促著：「孩子，快跑啊！我的孩子，你不要管我，快跑，不要停下來，快……」

不久，獵人還看見了更令人動容的一幕。

小象發現母親中彈了，著急地跑回到母親身邊，沒想到就在這個時候，母象實在支持不住了，「轟」地一聲倒下，壓倒正巧奔回母親身邊的小象。

「嘶……」只聽母象與小象同時嘶叫了一聲，像似相互安慰的聲音。

那像是母象安慰著小象：「孩子，媽媽會保護你的！」

更像是小象安慰著母象：「媽媽，我來陪伴妳了！」

塵土揚起，大小象同時倒下、死去，獵人看著這份情深義重的親情畫面，忍不住低下了頭，因為他深感無顏面對。

獵人將這對大小象帶了回去，小心翼翼地將母象製成美麗標本，且栩栩如生有如生命重現。

至於小象，因為在母親的重壓下，幾乎面目全非，只剩小象腳是完整的，於是獵人小心翼翼地將象腳保留，並將它製作成美麗的「象腳花瓶」。

從此，獵人再也不打獵了，據說在他死後，家人幾乎將他的收藏全部販售，唯獨這只「象腳花瓶」被留了下來。

因為，他在遺囑中特別指定：「這只象腳花瓶是無價的之寶，我要你們捐給博物館，並且讓世人們明白這只象腳花瓶中深蘊的涵義。」

其實，不必禪悟佛說，每個人都懂得什麼是犧牲的眞諦，只要我們知道什麼叫做愛，一如故事中的大象與小象，因爲親情的緣故，牠們知道該怎麼表現心中的無私大愛。

從母象的呵護中，我們看見了小象的關愛回眸，也領悟出必然存在於萬物情感裡的自然親情，一如人們常說的「養育」與「反哺」的自然關係。

母象倒下的那一幕，不僅震撼了讀者的心，更激起了獵人的惻隱之心，從中我們也看見了他對生命的深省：「生命是無價的，動物不應是人類的寵物或獵物，牠們和人類一樣皆屬天地萬物的一份子，牠們和人類一同站立在同等的生命起源與地位，疼惜牠們，也等於珍惜我們自己！」

善意的謊言也能成就幸福

為了讓生活更加祥和且溫馨，在適當的時候編織些美麗謊言，不僅能促進社會和諧，更能讓每一個人品嚐到幸福的滋味。

美麗的謊言大致可以分爲兩種，一種是別有居心的蓄意欺瞞，一種是本意善良的暫時隱瞞。

至於人們經常運用的是哪一項，我們最佳辨別的方式，就是仔細聆聽發言者的言詞，是否充滿了對社會、對你我的眞心關懷。

有個極爲孝順的男子，聽見他雙目失明的母親說：「如果可以的話，我實在很想看一眼你們說的花花世界。」

男子聽見母親這麼說，決心要讓母親的雙眼復明。

從此，男子上山下海，遍尋衆人公認的名醫。幾年下來，他背著母親，訪遍了各地名醫，更造訪過各個傳說中懂得秘方的江湖密醫，甚至連鬼神巫術等方法都嘗試過。

但是，無論他怎麼努力，母親的雙眼仍然一片黑暗。

不過，這個孝子一點也不氣餒，當他聽說，遠方的一座雪山山巔有個天池，具有神奇的功效，心想或許那正是可以讓瞎眼復明的聖水。

於是，男子背起了母親，往他們希望的目標前進。

也不知道走了多久，他們歷經了千辛萬苦，終於來到了雪山的山峰。

然而，就在他們即將來到天池邊時，男子忽然倒了下來。只見他氣息奄奄地趴在地上，努力地想再將母親背起，繼續前進。

忽然，他模糊地聽見母親激動地呼叫著：「我看見了，這山好高啊！你看，那天池好美啊！水是那樣的清澈，孩子，你看見了嗎？」

男子聽見母親這麼呼喊著，激動地掉下了淚，用力地支持起身子，看了母親一眼，接著便倒下了。

男子安心地閉上了雙眼，因爲那一瞬間，他看見了母親的笑容，他最終帶著滿臉的幸福與感動，永遠地睡去。

與此同時，母親輕輕地撫著兒子的頭，淚水緩緩地滑下。

在一片黑暗中，老母親伏在兒子的身上，靜靜地闔上了雙眼。

也許，有人認爲那只是個善意的謊言，但換個角度看，能夠成全一個幸福的結果，謊言其實也算是眞話了。

因爲，背負在男子身上的母親，已感受到兒子的愛與疼惜，在黑暗中，用心看見了瑰麗的風景。

看著故事中的主角雙雙闔眼，沒有傷感的情緒，只有令人會心微笑的幸福感，這也是在激烈競爭的工商社會裡最缺乏的精神——處處爲對方著想的體諒與關心。

其實，只要出發點善良，只要是爲了讓生活更加祥和且溫馨，在適當的時候編織些美麗謊言，不僅能促進社會和諧，更能讓每一個人品嚐到幸福的滋味，那不是很好嗎？

母愛是最珍貴的自然天性

對於至親們的關愛與用心呵護，自己是否曾將之視為「理所當然」，是否曾時刻提醒自己要知道反哺？

母愛的可貴在於母親無怨無悔地犧牲，只問付出不求回報。

你有多久沒有聆聽父母的殷殷垂詢了呢？又有多久沒有看見父母溫暖的微笑臉龐了呢？

請不要以生活壓力當藉口，忽略這些聆聽與探視的小動作。因爲，懂得積極行動的人，都一定是最幸福的人，他們知道，世上最珍貴美麗的情感，叫作「親情」；而你我最應該珍惜不放的愛，叫作「母愛」。

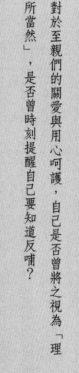

有位鄉下女人嫁給了一位老實的農夫，原本就居住在偏僻農村的她，如今卻來到了更加偏遠的小山村。

她來到這個閉塞的村落後，日子過得更加困苦也更不自由，情緒在這個封閉的環境中壓縮，她變得越來越鑽牛角尖，脾氣也越來越差了。

幾乎每天都對丈夫惡言相向的她，怎麼也沒想到，丈夫在兒子出世後沒幾年便去世了，而她自然也背負起養育兒子的責任。面對仍嗷嗷待哺的孩子，婦人為了撐起這個家，看起來相當辛苦。

村裡的人們看見她這麼命苦，都非常同情，有人更建議她：「妳不如改嫁吧！不然妳怎麼養得活兒子呢？以後妳還不見得能靠他養老送終啊！還是快找個人嫁了吧！」

婦人聽完鄰居的勸說，只搖了搖頭，什麼話也沒說便回到屋裡去了。

婦人始終都不肯再嫁，努力地將兒子拉拔長大，到了他能自己走路時，母子倆便搬到一個小鎮上。

孩子長得很快，看著兒子長高長大，而且聰明好學，爲了孩子的未來，婦人決定搬到大城市，讓孩子有更多的學習機會。

省吃儉用的她，努力地讓孩子讀到中學，又讓他上大學，而爭氣的男孩在學業有成後，決定要出國留學。

婦人聽了兒子的抱負後，也點頭支持，儘管她心中有著不捨，然而她只將情感放在心中，接著便四處籌錢，好讓兒子能實現夢想。

這個目不識丁的婦人，不懂得什麼叫環境造人的道理，她只有「一切都爲了兒子好」的母愛天性。

這段故事，是著名的翻譯家傅雷在自傳裡述說的，一個關於母親給他的愛與支持的眞實人生故事。

看著故事裡傅雷母親的奮鬥過程，雖然我們同時也看見了她情緒上的反應，但是當她盡力地發揮母愛天性之後，那些一時的情緒發洩，自然顯得微不足爲道了。

如果你曾經觀察過母雞孵蛋的情況，你就會發現，牠們竟能不被農場主人的餵食吆喝聲所誘，讓人驚訝於母雞爲了孵育下一代的毅力。

當我們回想起曾經聽聞的母愛故事，從那些爲了子女而犧牲的母親身上，我們再次地證明了：「自然天性中最爲珍貴的寶藏，正是母愛！」

從遠古的孟母三遷故事，到今日被喻爲「現代孝子」的父母們，身爲子女的我們，是否更應當時刻反省，對於至親們的關愛與用心呵護，自己是否曾將之視爲「理所當然」，是否曾時刻提醒自己要知道反哺？

不要輕易地發表自己的見解

只要有可能觸及個人私利，我們就要小心說話，目的不只是為了保護自己，更是為了避免無謂的爭端。

從歷史故事中，我們不難發現一句話便輕易引來烽火戰事的情況，所以當我們在發表個人意見時，要多加思索，不要誤用了一時的情緒字眼，而導致不該發生的仇視與對立。

溫文儒雅的馬丁・范布倫是美國第八任總統，自年輕時期開始，便已展現出卓越的機智與吸引力。

不過，在政治活動中，他很少表達自己的意見，無論大家討論得多麼熱烈，他都只是聆聽別人的意見，不發表自己的見解，因爲他認爲：「保留個人意見，更能聽見人們話裡的眞假。」

在公衆場合中，他儘量避開像傑克遜那樣直接，更不會像約翰．亞當斯那般思想頑固，對於他這樣「八面玲瓏」的身段，有人便嘲諷他施展是只知含糊其詞的「范布倫式的政治」。

對於人們的批評聲浪，與馬丁．范布倫極爲熟識的朋友曾經這樣說：「即使身爲他最好的朋友，也不免要爲他過度謹愼小心的態度而擔心，因爲，那會讓人們誤解，以爲他缺乏政治人物應有的道德與勇氣，或是質疑他無力應付各種緊急情況。」

當年，范布倫還是位參議員時，就曾在關稅問題上做出令人迷惑不解的表現。

那天，他先闡述了對一般關稅的看法，最後卻讓人摸不著頭緒地宣佈：「我將支持任何適度、明智，且有益於促進國內生產的關稅法令。」

這時，有人不解地問范．布倫的朋友諾爾：「諾爾先生，他的這番話立著點在哪邊啊？」

沒想到諾爾也搖了搖頭，答道：「我也在思考這個問題。」

後來，范布倫在白宮接見客人時，也是賓客之一的亨利克萊對他說：「能有這麼多朋友齊聚，您一定很愉快吧！」

可是，范布倫總統卻回答：「嗯，天氣眞好。」

還有一次，有個參議員與人打賭，說他能誘使范布倫說出「肯定」的話語。只見他走到范布倫面前說：「據傳太陽是從東方升起，你認爲呢？」

誰知，范布倫卻回答：「嗯，我知道這是大家一致公認的情況，但是，我從未在黎明前起床。」

逢人只說三分，那不是因爲過分疑心，而是聰明人知道「言多必失，禍從口出」的道理，特別是像范布倫一般的從政人物，「謹言愼行」四個字對他們來說，是再重要不過的事。

其實，不是只有在政治環境要小心發言，在這個多元社會的中，不論我們身處在什麼樣的工作環境或人際關係中，只要有可能觸及個人私利，就要小心說話，目的不只是爲了保護自己，更是爲了避免無謂的爭端，爲了維護大多數人的生活利益。

我們都曾經有過言多必失的情況，所以看著范布倫的小心翼翼，聰明的你想必更加明白「說好話不如行好事」的處事道理吧！

生命力隨時都能重現

不論阻礙多麼巨大，也不管環境多麼惡劣，只要不放棄，我們必定能發現生機，一定能踏上希望的明天。

無論生活多麼平順，每個人都一定會遇到挫折。

在這些大小不一的困難中，只要我們不放棄，生命力量會隨時展現，支持著我們等待良機，並盡力協助我們克服萬難，好讓生命之光重現。當你的生命陷落時，千萬不要讓低迷的心情影響你的決定，而要試著改變看待事物的角度。

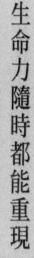

那年，為了重整倫敦的市容，並開闢新的街道以利市景，倫敦開始提出計劃，也準備拆除許多老舊的房屋。

然而，日子一天過一天，新道路不僅遲遲沒有動工，已收購的舊樓房更是像廢墟般閒置在原地。經過長時間風吹雨淋，這個角落像是被遺忘似的，早已失去了生氣，連住在附近的人們，也寧可繞道而行，不願再踏進這塊廢棄的土地。

直到有一天，有一群生物學家來到了這裡。

他們發現，這片多年荒廢的地區，竟然已發展出一個自然天地，滿地的野花與野草正生氣盎然地搖曳著。

更令人驚訝的是，在這堆花草中，有許多花草竟是他們在英國從未見過的種類，那些通常只生長在地中海沿岸的花草，如今竟在倫敦的一角滋生。

於是，生物學家們開始研究，這些花草為什麼能出現在這裡；很快地，他們找到答案了，一切竟緣於這些已經倒塌的樓房。

原來，這些樓房大都是古代古羅馬人沿著泰晤士河攻進後建造的，那些花草種籽也在當時同時引進。

只是，它們長久被壓在沉重的石磚底下，無緣接受日光雨露的照料，因而阻礙了生長空間。直到房舍倒塌後，部份磚瓦也被搬移，深埋在房屋底下的種籽，終於重見天日，並展開了它們堅韌的生命力。

看著從瓦礫堆中積極重生的小花，我們也看見了生命的無限可能。人類不也應該如此？要怎麼樣從挫折中發現讓自己出頭伸展的縫隙，始終都得靠我們自己去找尋啊！

靜心地閱讀著這篇短文，我們發現，陽光、空氣、水竟不是種籽最重要的生長助力，最重要的滋養力量乃源於它們自己，這也說明了，無論生命本身多麼脆弱，萬物始終都存有著絕對的生命韌性。

從中我們也領悟到，不論阻礙多麼巨大，也不管環境多麼惡劣，只要不放棄，我們必定能發現生機，只要能像故事中的小花小草堅強等待，我們都一定能踏上希望的明天。

超越不了別人，也不必否定自己

為了比別人更加突出，我們經常失去自己的方向，也失去自己的主控權，甚至因為超越不了別人，而否定自己。

不要因爲不如別人而否定自己！

現實生活中，不可能人人都是董事長或總經理，公司裡還是需要很多中階或基層人員。人生最重要的課題，不在於我們處於什麼地位，完成了些什麼，而是我們是否認眞扮演好自己的角色！

英國有這麼一個寓言故事，値得我們玩味。

有一天，國王獨自到花園裡散步，就在他走進花園時，眼前的景緻卻令他大吃一驚。因爲，花園裡所有的花草樹木全都枯萎了。

於是，國王失望地走在花園裡，一一探視每一株花草樹木。

忽然，他聽見橡樹嘆息著說：「我長得不如松樹，還是走了算了！」

然而，松樹聽了卻也自怨地說：「唉！我又不能像葡萄那樣結實累累，不如走了算了！」

但是，葡萄這時卻說：「唉，我又不能直立起來，只能垂在木架上，也不能像桃花樹那樣，開出美麗可愛的花朵，不如走了算了！」

只見牽牛花也垂頭喪氣地說：「唉，爲什麼我不能像紫丁香一樣，散發芬芳的香味？」

國王仔細聆聽園裡的花草自語，也看見許多花草樹木，全都垂頭喪氣的模樣。然而，就在這個時候，他卻看見一株小草，直挺挺地站在角落裡，精神抖擻地生長著。國王好奇地問：「小草啊，爲什麼其他植物全都枯萎了，唯獨你這麼樂觀呢？」

只見小草驕傲地回答說：「是啊！因爲我一點也不灰心失望啊！我知道，我不必當橡樹，也不必像葡萄一樣，更不必成爲紫丁香，只要我認眞地做好自己就足夠了。」

老是垂頭喪氣的你看見在天空盡情飛翔的鳥兒嗎？還有，你看見正在草地上快樂奔馳的羚羊嗎？

從動物的身上，我們能清楚感受到牠們的快樂與自在，沒有一匹馬兒會因爲每天都得吃同樣的草而感到厭煩，或停止進食；也沒有一隻鳥兒會因爲每天飛翔而累得不再高歌。

那是因爲動物們很盡本分，牠們知道，只要能盡情發揮自己，牠們存在的目的便已經達成了。

然而，一樣是動物成員的人類，卻總是忽略了這一點。爲了比別人更加突出，

我們經常失去自己的方向，也失去自己的主控權，甚至因爲超越不了別人，進而否定自己。

如果人們聽得懂動物的話，也許我們將會聽見：「眞搞不懂人類，他們明明是獨一無二的，爲什麼老是要模仿別人，卻不要肯做自己？」

人生不是非得名揚四海才能肯定自己的價値，更不是非得家財萬貫才算成功，只要我們能接受自己，並努力扮演好自己的角色，即使只是一株不起眼的小草，我們的存在都必定是無價的。

10.

不要被過多的期望牽絆

簡單果決地掌握住自己的需要，
並確實地將精神集中在一個目標上，
然後我們才能慢慢地讓心中
每一個夢想都達到高峰。

不要被過多的期望牽絆

簡單果決地掌握住自己的需要，並確實地將精神集中在一個目標上，然後我們才能慢慢地讓心中每一個夢想都達到高峰。

莎士比亞曾經寫道：「想要成功，就必須在對的時機做對的事。」所謂「做對的事」，其實就是採取明智的行動。

有人說，人生就是種種選擇的結果。凡事有得必有失，很多時候，你必須懂得取捨，做出最好最正確的選擇。

希望能成就大事的人，不能太過隨心所欲，對於過多的慾望我們不僅要克制，更要懂得果斷割捨。

如此一來，我們才能眞正地主宰自己的心靈，也才能明確地看見並掌握自己的未來方向。

有個好勝心極強的年輕人，爲了成爲最有學問的專家，也爲了能超越身邊的同儕，因而相當努力。

非常勤奮的他，各方面的表現都非常出衆，唯獨學業成績始終都不見突破，爲此苦惱不已的他，在朋友介紹下，決定去向一位大學問家求救。

大師聽完年輕人的苦惱後，說道：「你和我一塊兒去登山吧！當你到達山頂後，就知道該怎麼做了！」

走在山林間，年輕人發現沿途有許多晶瑩剔透的小石子，十分美麗。大師見他喜愛，便對他說道：「孩子，喜歡的話就撿起來吧！」

只見年輕人撿起了石頭，放進他身後的袋子裡。由於他一路地撿拾，幾乎每顆石頭都想佔有，很快地，背包越來越沉重。

年輕人忍不住發牢騷說：「大師，我實在走不動了，因爲我的背包越來越重，再這樣下去，別說是山頂，我恐怕連半山腰都到不了啊！」

大師笑著看著他，淡淡地說：「嗯，這樣的確辛苦，那該怎麼辦呢？」

年輕人想了想，喃喃地說：「要放下嗎？」

大師看著年輕人不捨地望著背包裡的石頭，又問：「爲何不放下呢？背著石頭怎麼登山呢？」

年輕人聽見大師這麼問著，心中忽然一亮，抬起頭，認眞地看了大師一眼，接著他行了一個大禮，並向大師說：「謝謝，我明白了！」

然後，年輕人放下了背包，轉身往山下走去。

從此，年輕人不再心有旁騖，一心只專注於「學問」的方向上，當然他自許成爲「學問淵博」的學者目標，很快地就達成了。

歌德曾經這麼說：「遊戲人生的人必定一事無成，無法主宰自己的人，永遠只能當個奴隸。」

人們之所以經常失敗，其中最重要的原因是：「不懂得掌握自己，以及無法果斷地下決定有關。」

看著故事中的年輕人，我們不妨也反省自己，是不是經常在做決定時三心兩意，或是在往前奔跑時，貪心地選定了許多夢想目標，並且充滿龐大的慾望，企圖全部達成呢？

每個人的能力都是有限的，當年輕人將美麗的小石子一顆又一顆地塞入背包時，我們也預見了他將被過多負載拖累的景象。

學會部份捨棄，然後我們才能完整得到，這是人生的禪思，也是生活的常識。簡單果決地掌握住自己的需要，並確實地將精神集中在一個目標上，然後我們才能慢慢地讓心中每一個夢想都達到高峰。

對生命負責的人對生活必有堅持

堅持負責的態度，最終我們都將收到甜美的結果，只要多一份認真執著，最終我們都獲得完美人生的肯定與支持。

你還在汲汲營營於物質層次的報酬，讓自己的心靈滿是負擔嗎？記住科學家愛因斯坦說過的話：「有不少人不追求那些物質的東西，他們追求理想和真理，從而得到內心的自由和安寧。」

改變生活態度，便能改變一個人的命運。

在人生的道路上，每個人都很努力地打造著成功的鐵鍊，問題是，每個人面對生命的態度不同，承受艱難的耐力不同，最終打造出來的成功之鍊，究竟是條易碎的玻璃鍊，還是堅實耐操的鐵鍊，就有待時間的考驗了。

有個老鐵匠打造的鐵鍊相當牢固，雖然他自製的產品十分精良，然而個性木訥的他，卻因爲不善言詞，以致於鐵鍊的銷售量一直都很差，收入勉強足夠餬口而已。

有人曾建議他偷工減料：「老鐵匠，你用的材料那樣紮實，售價又那麼便宜，根本不敷成本啦！」

老鐵匠聽見人們這麼好心建議，一點也不以爲意，只是笑笑地回答說：「沒有關係啦！」

老鐵匠沒管那麼多，仍然堅持將鐵鍊打得結結實實地。

有一次，船商請他打了一條輪船用的巨鍊，好讓他們裝在新造好的海輪上，做爲這艘船的主錨鍊。

有天晚上，颶風來襲，海上風暴驟起，風急浪高，輪船在大浪裡載浮載沉，隨時都有可能撞上礁石。船長見情況危急，爲了安穩船身，立即下令將船上所有的錨鍊全部放下。

沒想到，那些鐵鍊就像紙做的一樣，一點用處也沒有，大浪用力地甩動了幾下，幾乎全都被甩斷了。

忽然，船長想起了老鐵匠精心打造的鐵鍊，於是立即命令水手們趕緊將主錨鍊拋下海去。

一夜過去了，船上一千多名乘客與各種貨物，總算安全部安然地渡過了這場風暴，而護守他們渡過這個難關的，正是那條由老鐵匠親手打造的堅如磐石的鐵鍊。

靠著這只巨手般的鐵鍊，他們熬過了一夜的風浪，等到了黎明，當朝陽初升時，全船的人都忍不住熱淚盈眶，歡騰不已……

看著鐵匠對於鐵鍊品質的堅持，我們也看見了一個人對於自己生命的認眞態度，與對小我乃至於大我的責任堅持。

反觀，分別扮演著不角色的你我，對於社會責任的認知，與個人利益需求時的取捨態度，有多少人能像故事中的老鐵匠一般，自始至終都有著堅強的執著，有著對於人生負責的堅持呢？

不要因爲慾念而敷衍了事，因爲堅持負責的態度，不論未來怎麼發展，最終我們都將收到甜美的結果，只要多一份認眞執著，最終我們都獲得完美人生的肯定與支持。

每個人都只有一個今天

只要我們能把握住「當下」，那麼我們便已同時掌握住了昨日、今天與明天。

我們不必爲錯過的太陽而哭泣，因爲消逝的過去無法挽回，我們只能牢牢把握住現在。

雖然此刻已是夕陽西落，但別忘了，明天朝陽很快地便會重升，只要我們能緊緊地握住此刻，即使夕陽已落，那落日的餘暉仍然會長存心中。

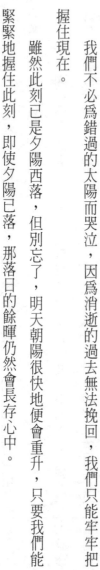

有位哲學家在造訪古羅馬城時，在一座廢墟裡發現了一尊雙面神。

然而，這位被喻爲學貫古今的哲學家，面對著這尊神像，卻怎麼想也想不起來，祂具有什麼樣的代表性或特殊性。

於是，他忍不住上前，向這個怪異的雙面神請教：「請問神明，您爲什麼一顆頭會有兩個面孔呢？」

只見雙面神正對著哲學家的這面說道：「這樣才能一面察看過去，以記取教訓，同時也一面瞻望未來，給人無限憧憬。」

哲學家聽完後，卻不解地問：「爲什麼只看過去和未來呢？你爲何不注視最有意義的現在？」

雙面神一聽，兩面皆茫然地叨唸著：「現在？」

哲學家發現雙面神似乎不解，於是解釋道：「就是現在！其實，過去是現在的逝去，而未來則是現在的延續，你既然無視於現在，那麼你對過去瞭若指掌，對未來也能洞察先機，又有什麼意義呢？」

雙面神聽完哲學家的說明，竟忽然號啕大哭了起來，哽咽地說：「原來，原來是我沒有把握住現在，以致於羅馬城才會被敵人攻陷啊！因爲我錯誤的態度，讓人們再也不相信我，而將我獨自丟棄在這個廢墟中啊！」

雙面神爲了能察看著昨日，刻意增添了另一個觀望昨日的面孔，也爲了能滿足人們預知的慾望，以便及早發現明天將會發生的事，而讓另一面只專注於明天。直到哲學家當頭棒喝地提醒祂：「那，當下呢？」祂這才醒悟過來。

那你的「當下」呢？

你是否也像雙面神一般，浪費了許多時間在懊悔昨日之非，更浪費了過多的「此刻」尋找明天的預言呢？

「活在當下」的意義，其實不只有今天而已，所謂的「當下」其實包含了已逝的昨日，更包含了即將到來的明天。換句話說，只要我們能把握住「當下」，那麼我們便已同時掌握住了昨日、今天與明天。

生命活力是我們最大的財富

只要我們的生命力還在，只要能極積生活，我們這對具有創造力的雙手，一定能為我們爭取到夢想的財富。

所謂「留得青山在，不怕沒柴燒」，生命是人類最大的生活資本，像是具有創造財富的雙手，像活力四射的蓬勃生命力。

只要生命機器仍能運轉，也仍然能有積極的作爲，那麼最終結算時，累積的利潤必定會超出預期。

有個整天眉頭深鎖的年輕人，一直抱怨自己運氣不濟，老是發不了財。

有一天他遇見了一位滿頭白髮的老人，老人家一看見年輕人，一副垂頭喪氣的模樣，關心地問：「年輕人，爲什麼不開心呢？」

年輕人發現有人關心，立即牢騷大發，對老人說：「唉，我眞不明白，爲什麼我這麼窮？」

老人家一聽，竟笑著說：「呵，有嗎？你窮嗎？我認爲你很富有啊！」

年輕人聽見老人這麼，滿臉不高興趣質問：「我哪裡富有？」

老人家笑著問：「這樣吧，如果你願意砍下一根手指頭，我就給你一千元，但你願意嗎？」

年輕人吃驚地看著老人家，接著說：「當然不要了！」

老人家接著又問：「喔，那如果你現在可以立即變成八十歲的老人，並得到一百萬元，你願意嗎？」

年輕人用力地搖了搖頭，說：「當然不願意了！」

「是嗎？那如果有人願意出一千萬，換你的一條性命，你願不願意交換呢？」

老人家又問。

年輕人一聽，滿臉不悅地說：「這怎麼可能願意！」

老人聽完年輕人的反駁，便笑著說：「這不就對了，將以上錢財累計一下，你可是擁有了一千萬以上的財富啊，年輕人！」

年輕人聽見老人家的這番話似有所悟，因爲他微微地笑了。

年輕人一再抱怨「爲什麼我這麼窮」，這句話相信許多自認失意的人都曾拿來仰天質問！只是，怎麼樣才算貧窮呢？是口袋裡沒錢才算貧窮，還是精神困乏才是生活上的貧窮指標呢？

故事中，老人家引導著年輕人，重新整理並糾正他對貧窮所下的定義，然後我們也從中思辨自己對於個人財富的偏執認知，明白「自己」的價值是金錢萬萬不及的。

萬事萬物其實全環繞著我們「自己」，我們應該以自己爲中心軸，讓我們的生命活力無限伸展，然後我們才能將自己以外的財富或珍寶，全部帶入我們的世界中。

擁有生命，才是擁有財富的起點。

一千萬存入你的帳戶裡，然後換你一條命，你願不願意？

千萬要記住，只要我們的生命力還在，「一無所有」四個字就不屬於我們，只要能改變心態極積生活，我們這對具有創造力的雙手，一定能爲我們爭取到夢想的財富。

分秒必爭，因為時間無法倒轉

能夠充分地利用、珍惜一分一秒的人，他們每一個跨出的步伐，絕對都會是成功的！

七十五歲那年，德國詩人作家歌德寫下：「我這一生確實很辛苦，即使到了今天，我仍然不知道什麼叫好日子，因為，每當我看見山上的石頭，不斷地，不斷地滾到我的面前，那迫使我必須永無止盡地將石頭往上推，總之，我必須分秒必爭！」

歌德知道時間是無法倒轉的，因而以積極進取的態度善用時間，努力寫作，終成一代文豪。

據說，大文豪歌德共花了六十年的時間完成《浮士德》一書，就在完成這部經典鉅著之時，溫克爾曼曾問他：「歌德，你能不能用一兩句話，來概括全書的主旨呢？」

歌德沉默了兩秒，接著回答：「自強不息者終能得救！」

這句話是當浮士德靈魂升天時，天使傳來的話語。

非常珍惜時間的歌德，有次對於兒子所引用的一句時間觀念十分不苟同，而狠狠地教訓了孩子一頓。

他的兒子是這麼說的：「有人說，人生只有兩分半的時間，一分鐘微笑，一分鐘嘆息，半分鐘愛戀，而人們最終將在這愛戀的時刻裡死去。」

歌德聽見兒子引用這樣的字句後，十分不悅，因爲他認爲，這段話傳遞出來的人生態度非常不嚴謹。

於是，他寫了一段文字給兒子：「孩子，一個鐘頭約有六十分鐘，所以，一天便超過了一千分鐘，明白這個道理之後，你便可以知道，一個人能對這個世界做出多少貢獻了。」

正因爲這樣的時間觀念，讓歌德分秒必爭地工作著，直到八十四歲那年，臨死之前，他仍然伏在案上寫作。

歌德曾語重心長地對他的兒子說：「孩子，你要牢牢地抓住現實生活，堅持不懈啊！無論什麼情況，無論時間多寡，生命都有著無限的價值，更是永恆世界的代表。」

能有效地管理時間，我們才能充分地運用極其有限的時間，不致於浪費了一分一秒。

就像我們都知道的，時間之輪不斷地往前轉動，然而時針與分針的挪移不是非常明顯，經常讓我們有心忽略或懶得理睬，以致於我們經常不在意秒針積極地往前推移的微妙動作！

有一位成功的投資專家曾說：「每天比別人早起二個小時，我就比別人多了二個小時可運用。」

聽完專家如此自我鞭策時，仍然抱著「睡到自然醒」的人們，不知道有沒有被刺激，並開始自我反省？

成功與時間是共生的，兩者相輔相成，不知道如何有效率地利用時間的人，成功機率自然很低。反之，能夠充分地利用、珍惜一分一秒的人，他們每一個跨出的步伐，絕對都會是成功的！

機會總出現在最容易被忽略的角落

生活不是由一件又一件的大事所組成，由一件件看似微不足道的小事慢慢堆築而成，看似繁瑣其實條理分明。

我們經常忽略生活中許多細微且瑣碎的事，正因爲我們的輕忽，而讓隱身於細瑣雜事中的機會，一次又一次地與我們擦身而過。

其實，每個人擁有的絕佳機會並不多，因此我們經常得藉由那些無關緊要的小橋，一步步地通往成功的彼岸。

別再輕易地略過身邊的微小事物，因爲在那之中，有許多都是我們嫁接成功的重要枝幹。

小蘭是一所大學裡的校花，追求她的人接踵而至，多到難以計數。因她爲經常出現在圖書館，因此，有越來越多的男同學固守在圖書館內，等待她的芳蹤。

夏日的一個午後，小蘭正端坐在閱覽室裡安靜看書。

忽然一個驚雷聲響，小蘭心想：「糟了，快下雨了！」沒有帶雨具的她，擔心再晚一點，雨勢恐怕會變大，便無法回家了，於是急急忙忙收拾好書籍，奔跑到門口。

就在她來到圖書館門口時，一陣雷鳴再又響起，緊接著雨開始落下，而且在她踏出門口前，雨勢忽然變大了起來。

這突如其來的大雨，讓所有學生全都困在門口，動彈不得。

忽然有個人衝進了雨中，在一群人的驚嘆聲中，這個身影竟又渾身溼透地折了回來，而在他懷中多抱了一件雨衣。

這個男孩抖著身子，逕自走向小蘭的面前，並爲將雨衣披上她的肩。

幾年之後，小蘭決定嫁給了這個傻小子，人們看著平凡相貌且背景清寒的男子，都忍不住嘆息著：「她怎麼選擇了他呢？」

小蘭聽見人們的質疑時，微笑地說：「試想，一個肯爲我淋雨，並爲我尋找雨衣來保護我的人，一定懂得愛我，就這一點便值得我託付終生了。」

當小蘭說出這段話後，不少仍癡心愛慕她的男子，無不頓足，他們很懊悔當年怎麼沒有料想到這一點，而輕易地錯失了佳人。

看著故事中捶胸頓足的懊悔者，看著緊握機會而成功擁抱佳人歸的男子，我們再次從小事例中證明，機會總是出現在別人最容易忽略的時候，成功者也總是在人們意料之外嶄露頭角。

進入我們急於成就的未來與理想，我們也赫然發現，許多成功者不正是抓緊了你我沒有發現的暗處機會，也在我們對其表現仍抱著嗤之以鼻的態度時，紮紮實實地綻放成功光芒？

生活不是由一件又一件的大事所組成，人生也不是在一個又一個的大浪中高漲，我們的過去與未來，是由一件件看似微不足道的小事慢慢堆築而成，看似繁瑣其實條理分明。

何不學學故事中擄獲佳人心的男子，學會辨識躲在角落的機會，並用心地經營每一個平淡無奇的絕佳契機。

守株待兔只會讓生命空轉

不管厄運或幸運，始終都不會太長久，因為在循環不已的生命過程中，最終操控你我未來的人，一直都是我們自己。

一個習慣守株待兔的人，當然無法品嚐到豐收時的眞正滋味，只想坐享其成、不勞而獲的人，永遠也等不到成功的結果。

有位探險家在森林中看到一位老農夫，正坐在樹下輕鬆地抽著煙斗。探險家看著神情相當愜意的老農夫，忍不住向他打聲招呼：「您好啊，請問您在做什麼呢？」

這位老農夫回答：「喔，沒什麼，我在等待奇蹟發生！」

探險家一聽，連忙追問道：「奇蹟？您怎麼知道會有奇蹟？」

農夫笑著說：「我當然知道了，你知道嗎？我有一次正要砍樹時，竟忽然颳起了一陣強風，那陣強風把樹上的葉子和一些脆弱的樹枝颳落，那可省了我不少砍樹的力氣呢！」

探險家驚嘆地說：「您眞是幸運！」

農夫笑了笑，接著又得意地舉證：「你說得沒錯，我眞的很幸運。還有一次，就在我準備要將乾草點燃焚燒之時，閃電竟然正好擊中了乾草堆呢！」

探險家再又驚奇地說：「眞是奇蹟！」

接著他又問：「那您現在準備做什麼呢？」

只見農夫一派輕鬆地回答：「我正在等待一場地震！」

探險家一聽，吃驚地問：「地震？」

農夫一副理所當然地回答：「當然是地震啊！不然，馬鈴薯怎麼從地底自動翻出來呢？」

看著老農夫連連驚呼奇蹟之時，也許有人會爲他感到擔心，擔心他恐將慢慢地失去求生的鬥志與能力。從他「只想等待」的工作態度中，我們也從他的身上，發現了日漸增長的生活惰性，與慢慢消失的積極活力。

更何況，當地震發生時，說不定不僅沒將馬鈴薯輕輕翻轉出來，反而是一個大翻轉，將農夫的生命從此覆蓋了！

我們要謹守踏實的生活態度，就像趨勢大師梭羅曾說的：「成功者不會守株待兔，他們會從前人的生敗與成功過程中，積極地獲取經驗，用以提升自己的成功機率。」

或許，每個人都有相同比例的命運和機會，但我們可以肯定一件事，那便是不管厄運或幸運的發展，始終都不會太長久，因爲在這個循環不已的生命過程中，最終操控你我未來的人，一直都是我們自己。

學會享受生活，別太斤斤計較

不斤斤計較付出與得到的人，因為比別人更懂得生活的滿足，他們更能享受生活的快樂，並獲得成功。

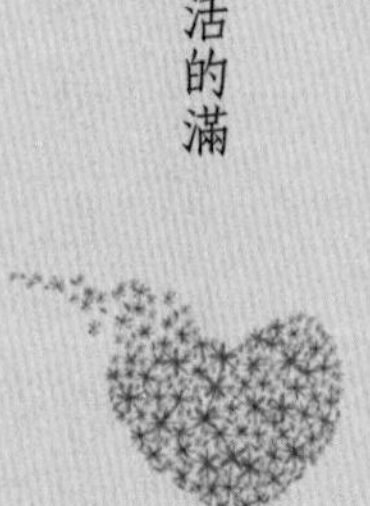

總是盲目地追逐物質或金錢中的人，都以爲必須從這些物質財富中才能享受真正的人生。但是，我們卻也經常發現，急於追求這些東西的人，生活似乎經常未如預期。

農場主人一大早就出門了，要去找幾位葡萄園工人。

來到街道上，他與幾個工人們談好一天一個金幣的工資後，便請工人們到葡萄園去工作。

第一批工人工作了三個小時後，農場主人又出門了，當他看見街上有幾個人無事可做的模樣，便好心地上前詢問：「你們要不要到我的葡萄園工作？一天我會付你們一個金幣！」

這幾個人一聽點了點頭，便立即前往葡萄園去。

接下來，農場主人分別又找了兩批工人到園區幫忙，薪資同樣是「一天一個金幣」。就在傍晚時分，農場主人再次出門去了，又找了一批無事可做的人回到葡萄園工作。

只見葡萄園裡的工人們忙進忙出，非常熱鬧，而且每個人都相當開心地工作著，直到休息時間到了。

晚上，農場主人對管家說：「你可以去叫工人們休息了，並將工資發放給他們，你從最後加入的工人發到最先開工的人。」

就在這個時候，第一批工人發現最後才加入的工人，竟然與自己拿了相同的工資，臉上出現相當不悅的神情。

第一批工人一拿到錢時，便立即提出抗議：「那些人才工作一個小時而已，你怎麼能把他們與我們辛苦一整天的人同等看待呢？這很不公平耶！」

農場主人一聽，微笑地說：「朋友，我並沒失信，也沒有虧待你啊！我們一開始便說好一天一個金幣，不是嗎？爲什麼你不肯拿走你『應得』的東西呢？至於我付給其他人多少工資，那是我和他們的協定，我只是在履行我的承諾而已，有什麼不對呢？」

面對目前的工作，你開心嗎？

不開心的話，是因爲什麼原因呢？

看完了故事，我們何不靜下心想想，面對眼前的生活與工作，我們心中的不滿情緒到底是因爲什麼？是像故事中的第一批工人一般，感覺待遇不合理而心生不悅嗎？

其實，農場主人之所以在不同時段分別找了幾批工人，目的是爲了讓那些還在等待工作的人都有收入，儘管支付酬勞的方式不合情理，但出發點並無可議之處。深入探究，我們更可以知道，農場主人是個宅心仁厚的人，他眞正需要的工人數目，恐怕只是第一批，但爲了照顧那些還在等待工作的工人，才會每隔三個小時上街頭一次。

在這種情況下，從第一批工人到最後一批工人，每個人都擁有著一個最重要的共通利益，那就是他們都是從「無工作」到「有工作」，如果農場主人沒有請他們幫忙，第一批以後的工人恐怕要街上虛渡一天。

看著第一批工人計較著與最後一批工人收入相同的不平，我們是否也該反省自己是不是不懂得以更寬闊的視野看世界？

別再抱怨了，現實生活中經常是付出多而收入少的成功者，不斤斤計較付出與得到的人，因爲比別人更懂得生活的滿足，因此，他們更能享受生活的快樂，並獲得成功。

學會放下就是快樂

作　　者　千江月
社　　長　陳維都
藝術總監　黃聖文
編輯總監　王　凌
出 版 者　普天出版家族有限公司
新北市汐止區忠二街 6 巷 15 號
TEL / (02) 26435033（代表號）
FAX / (02) 26486465
E-mail：asia.books@msa.hinet.net
http://www.popu.com.tw/
郵政劃撥 19091443 陳維都帳戶
總 經 銷　旭昇圖書有限公司
新北市中和區中山路二段 352 號 2F
TEL / (02) 22451480（代表號）
FAX / (02) 22451479
E-mail：s1686688@ms31.hinet.net
法律顧問　西華律師事務所・黃憲男律師
電腦排版　巨新電腦排版有限公司
印製裝訂　久裕印刷事業有限公司
出 版 日　2021（民 110）年 7 月第 1 版
I S B N◉978-986-389-779-8　　條碼 9789863897798

國家圖書館出版品預行編目資料

學會放下就是快樂／
千江月著.—第 1 版.—：新北市,普天出版
民 110.7 面；公分. -（生活良品；32）
I S B N◉978-986-389-779-8（平裝）

生活良品
32